全国小学生校园美文精品集萃丛书

七色阳光
小少年

我要开花给你看

《语文报》编写组 编

时代文艺出版社

图书在版编目（CIP）数据

我要开花给你看/《语文报》编写组编. —长春：时代文艺出版社，2018.8（2023.6重印）
（"七色阳光小少年"全国小学生校园美文精品集萃丛书）

ISBN 978-7-5387-5627-2

Ⅰ.①我… Ⅱ.①语… Ⅲ.①作文－小学－选集 Ⅳ.①H194.4

中国版本图书馆CIP数据核字（2018）第114674号

出 品 人　陈　琛
产品总监　郭力家
责任编辑　李荣銮
装帧设计　孙　利
排版制作　隋淑凤

我要开花给你看

《语文报》编写组　编

出版发行 / 时代文艺出版社
地址 / 长春市福祉大路5788号　龙腾国际大厦A座15层　邮编 / 130118
总编办 / 0431-81629751　发行部 / 0431-81629758
官方微博 / weibo.com / tlapress
印刷 / 北京一鑫印务有限责任公司
开本 / 700mm×980mm　1 / 16　字数 / 153千字　印张 / 11
版次 / 2018年8月第1版　印次 / 2023年6月第5次印刷　定价 / 34.80元

图书如有印装错误　请寄回印厂调换

编　委　会

目 录

月牙花儿　心情角儿

我要开花给你看

烟雨的味道

多一点儿纯真，多一点儿笑

005

当童话遇上考试

　　其实，人很多时候都要做这样的选择题。选择了事业，也许就要放弃天伦之乐；选择了信念，安逸的生活可能就会飘走；选择了真理，许多的朋友可能会离你而去。就如现在，分数和童话，我只能选一样。

　　这时，就看你是现实地要了分数，还是不食人间烟火地选择了童话。

心情电梯上上下下

沈安利

11月25日　天气：阴

002

今天，天很冷。

我们又迎来了一单元的数学考试。

一节课的时间飞逝而过，我的试卷也刚好写完，便立马交给了收卷的人。随后，拿起功夫扇出去了。

"唉，这次我肯定又考砸了！"我苦笑着。

"你又这样，要有侥幸心理嘛！说不定你觉得差，但等试卷发下来你考得很好呢！"唐寅湫用一种貌似安慰的口吻对我说。

我摊开手，一脸无奈地说："你别逗我了，就我那水平能考得怎么样啊，所以你说的呀，不太可能，就算真的发生了，那也肯定是老师批错了。"

唐寅湫接着说："那也没关系，反正还有那么多人给你垫底呢。"

"……"我无语，在心中重重地叹了口气。是，是有一些人给我垫底；但我其实也在给人家垫底，我可不想一直被别人压在下面……

唉，不想这些了，用手拍了拍昏昏沉沉的脑袋，便随着队伍匆匆下了楼。

天依旧是那么冷。

转眼间，老师便把试卷批完发了下来。

看着那鲜红刺目的分数，我竟发现自己的心情几乎没什么波动。唉，看来，多次的失败已让我近乎麻木了。我想，即使再有几次这样的分数，恐怕我的心中也惊不起多大的波澜吧。甩甩脑袋，试图将这个想法驱逐出去。

"沈安利，你多少分啊？"陶然问我。

"哎呀，你看今天的太阳多好啊，呵呵呵……"我顾左右而言他。

窗外，天阴沉沉的。

"哎，你说呗，哪个数字开头的呀？"他继续追问道。

"啊？哦，你说分数啊。"我底气不足地说，"呀，我突然想起来我有本书借给别人了，她还没还呢，我先找她要去，有什么事回来再说……"不给他说话的机会，我便一溜烟跑了出去……

放学了，我赶紧收拾书包。突然眼角的余光瞥到了那张试卷，这不看还好，一看我顿时来了气，便随手将它扔进了漆黑的桌肚里，然后拿上《青铜葵花》出了校门。上车后，我先放下车窗，随后便看起了书。

爸爸边打着方向盘边对我说："你呀，又考了个七十几分，怎么人家能考的那么好，你就不行呢？"他正说着，忽然看到了我手上的书，又说了句："就是看这些书看的。"我立即反驳道："我就现在才看了一小会，你凭什么这么说啊，它怎么就影响我了呀？""只要跟学习无关，都影响学习。"爸爸说，脸上晴转阴，阴转雨，雨转雪……将我痛骂了一顿。

我不知他哪来那么大的火气，只是无言地坐在椅子上，泪水硬是在眼眶里打转也不肯掉下。面无表情地望向窗外，只觉得天气似乎更冷了，冷风嗖嗖地吹向我，吹在身上，也吹在心上。

11月26日　天气：多云

今天，我自己上学。

因为昨天爸爸说以后我自己上下学，老师发的信息他一条也不会看，省得心烦。

我知道爸爸说的是气话，但当我听到时，眼泪还是流了下来……

天是阴的，跟我此刻的心情一样。

又考了一场试，但与之前不同的是，多了一丝期待。虽然我明知爸爸不会看信息。

我心中既有些害怕又十分期待，就在这样矛盾的心情中，试卷发了下来。哈，九十四分！我心中小小地兴奋了一下，虽然这分数对别人来说也许是微不足道的。

我心不在焉地收拾着书包，心中想着待会怎样回家。

出了校门，我没有立即走向车站，而是在门前张望。我不清楚是为什么，只觉得有一股力量在推动我这么做。就这样，我漫无目的地走过一辆辆接孩子的车，当我突然看见那熟悉的车牌时，顿时眼睛一亮，只觉得心中有了着落，嘴角也不知不觉地扬起了……

是啊，父女之间哪来的仇呢，只有那浓浓的亲情。即使吵了架，一会儿也就好了。再说，爸爸也是为了我好，他又怎会是那等小肚鸡肠之人？

人生就是这样，酸甜苦辣样样俱全。如果总是一种味道，那将会多么单调乏味啊。所以，拥抱一切，珍惜一切，它们是你人生中的一笔笔宝贵财富。

这件事让我愧疚

齐天宇

生活是一本厚厚的书，生活中的故事让这本书变得丰富、充实而动人。

那是小学四年级时的一件事，虽然时隔两年，但我却仍是记忆犹新。

那天，数学卷发下来了，我迫不及待地等着看我的分数，卷子缓缓地从桌子上空飘了下来，一个鲜红的三位数映入我的眼帘，一百分！"好！"我叫道。我的眼睛随即飘到了同座方之嘉的卷子上。他是我的同桌，也是我的竞争对手。九十八分，我心里又笑了！

"第二十一次，齐天宇胜！"我叫道。方之嘉迅速扫了一眼我的卷子，又一屁股坐在了板凳上，左手托着下巴，反复翻卷子看，眉头紧锁。长叹一口气后，他才站起来拍拍我的肩。我得意地说道："怎么样？"

数学课上，老师在评讲试卷时，我发现我有一道题老师改错了，结果应该为六，而我的结果却为十六。

这是一道三分的计算题，要不要和数学老师讲呢？

我的心里打着小鼓，第一次面临着这样的选择。虽然很想把这个错误告诉老师，但这样一来，我不仅失去了全班第一，方之嘉也超越了我，我实在不甘心。最后，我依然选择了全班第一，而老师平时教我的那些做人道理，则已被我抛到了九霄云外去。

现在回想起来，我惊讶于我那时脸皮之厚。虽然谈不上什么悔恨的泪水，可这件事却在深深地印入我的心底，使我时时感到愧疚；面对方之嘉时，也总是心虚。

人生这本书，这是令我愧疚的一页，却也让我时时警醒，不再继续犯错。

就要小学毕业了，我决定毕业前，一定要去跟老师坦白，也要跟方之嘉道歉。我要做一个诚实的人。

面 对 挑 战

刘 维

人的一生会遇到各种挑战，当我们遇到困难时，不要轻易放弃。努力拼搏，就是成功的基石。

四年级的下半学期，我参加了南京市举办的"金陵杯"围棋业余4段升段赛，对于"初出茅庐"的我来说，这既是一次难得的机遇也是一次艰巨的挑战。

这次比赛高手如云，四面八方的棋手汇聚南京棋院，整个赛场内弥漫着一股硝烟味。

比赛刚开始，我胸有成竹，以势不可挡的锐气撕破对手一个又一个的防线。第一个比赛日，我竟然四局全胜，在成绩榜上领先。由此

我对第二天的比赛充满了信心。

也许是过于自信而轻敌，也许是对手太强，第二天上午我连输了两盘。我怀着沉重的心情走出了赛场，此时爸爸妈妈依然是微笑着迎向我，爸爸说："输了没关系，中午放松一下，下午轻装上阵，重在参与嘛！。"

下午的比赛更残酷了，我的对手竟然是一位比我大十来岁的大哥哥。刚开始，他就对我发动了猛攻。我不甘落后，进行反击，可是，他一边进攻，一边在我的左侧筑成了一道"铜墙铁壁"，这是总攻的前兆！我连忙进行防守，可为时已晚，我的棋已被团团围住，陷入了苦战。

此时，我想到了认输，但又被我立刻否决了，一定不能轻易认输！我不仅要接受对手的挑战，更要敢于向自己挑战！于是，我咬紧牙关，眉头紧锁，充分调动我的脑细胞。

007

忽然，我眼前一亮，看到对方的一块弱点，我使了"声东击西"计，装作放弃我的一块棋，可暗中却慢慢地包围对手。时机一到，我便左右开攻，手在二尺见方的棋盘上飞舞着，对方也不甘认输，依仗着"铜墙铁壁"想和我斗个鱼死网破。

我见不能硬攻，又继续用智取。我巧妙地躲闪着对方的反击，并且一点一点地将对方围困住，使他陷入进退两难的境地；然后势如破竹，乘胜追击，将对方一网打尽！经过了两个多小时的鏖战，我凭着不服输的精神终于取得了胜利，荣升到了业余四段。

当我走出赛场时，树上的翠叶在向我招手，美丽的花儿在向我点头，连太阳也在向我微笑！阵阵风儿拂过我脸颊，我的心完全沉浸在胜利的喜悦中……

对弈，有赢有输，让无数爱好者着迷。

其实人生也是一盘棋，其中充满机遇和挑战。如果你踌躇不前，举棋不定，就会丧失许多大好机遇；如果你怕苦畏难，缺乏坚韧，成功便与你无缘；如果你消极懒惰，毫无斗志，便会全盘皆输。

我的棋盘我把握，我的人生我拼搏！

当童话遇上考试

侯佳雪

那场思品考试的一道简答题让我为难了很久。

试题先描述了一个场景：

暴风雨后的早晨，一个男人在海滩边散步。暴风雨将许多小鱼卷入了沙滩上的小水洼里，用不了多久，这些水洼里的水就会被蒸发掉，吸收掉，小鱼就会干死。这时，一个小男孩映入了他的眼帘。男孩走得很缓慢，边走边弯腰，将沙坑里的小鱼一条条捡起，扔进海里。男人走上前去："这里有成千上万的鱼，你是救不过来的！"男孩头也不抬："我知道。""那你为什么还要救呢？有谁会在乎呢？"男孩答道："这条鱼在乎，还有这一条，这一条……"

考试要求写出这段文字给你的启示。我很清楚，这无非是要赞颂生命的顽强，生命需要互相关心，世界才能更美好。

可是，这段文字却无法让我用如此刻板的套话去回答。因为我第一次见到这段文字是在一篇童话里，那是篇很美的童话，我觉得丝毫不亚于安徒生的《海的女儿》。在这个故事中，小男孩长大后变成了一位船长，而在他童年时救起的数不胜数的鱼儿中，有那么一条不起眼的小鱼其实是条小美人鱼。船长的船遇险了，小美人鱼不惜用自己的生命救了他。她在生命的最后一刻，想起的正是这个暴风雨的早晨，小男孩一路弯着腰，嘴里念着："这一条在乎，还有这一条，这一条……"

我不知道这个童话是根据这段文字改编的，还是这段文字选自这个童话。但，它给我留下的印象是那么美好，有一种不属于尘世的纯洁。我不忍心用思品书上的刻板语言去形容它，这仿佛是在一幅美丽的画上，画上了一个大大的叉。

可是，不能不要分数呀。我犹豫着，抉择着。

旁边的人飞快地转着笔，有些不耐烦的样子，不断看着表。我知道时间不多了。

最后一分钟，我拿起了笔。

提笔写下答案的一瞬间，我怅然若失。因为，童话和分数，我选择了分数。

其实，人很多时候都要做这样的选择题。选择了事业，也许就要放弃天伦之乐；选择了信念，安逸的生活可能就会飘走；选择了真理，许多的朋友可能会离你而去。就如现在，分数和童话，我只能选一样。

这时，就看你是现实地要了分数，还是不食人间烟火地选择了童话。

课 间 剪 影

唐诗玥

"丁零零……"欢快的下课铃打响了，四十五颗心也同时被拧上了发条。你瞧，这老师前脚刚跨出门槛，教室里就犹如沸腾的水，开锅了。

靠窗的厉子桉同学以迅雷不及掩耳之势冲了出去，一眨眼已来到第三组李楠面前。那速度，如果用在一百米跑上，绝对创世界纪录！

再看看那一角，陆文杰同学正拿着一条红领巾，蹑手蹑脚地跟在陈虔身后。他要干什么呀？许多同学都被吊足了胃口，驻足观看。陆文杰见时机成熟，以拔枪般的速度抽出红领巾，飞快地在陈虔面前一抖，红领巾发出"啪"的一声脆响，把陈虔吓了一大跳。两秒钟过后，她反应了过来，随着一声"陆文杰，你站住！"的吼叫，教室里一场真人版《猫和老鼠》开演了。

当然，除了这些充满好动细胞的活宝们，我班还是不乏一些"好静分子"的。

学习委蔡霁初同学快速地喝了两口水，便忙不迭地抽出英语课本，认认真真地复习起来，边读还边点点划划，对身边所发生的一切闹剧视若无睹、充耳不闻，一心只沉浸在字母世界里，简直达到了一种"与世隔绝"的读书境界，真不愧是学习委啊。

哈哈，然而最有看头的莫过于李博同学了。

刚才一下课，他就安安静静地坐在座位上，一直坐到现在。这很不像平时喜欢吵吵闹闹的他，倒像是个一心坐禅的小和尚了。

他怎么了？生病了吗？但是，李博好像不愿别人为他担心。你刚刚心起忧虑，就见他有了动向：他左顾右盼着，小小的眼睛穿过厚厚的镜片扫视全班，细脖子也很配合地积极扭动着，似乎要把角落里的灰尘也看个明白。不一会儿，他的"巡察"似乎结束了，双手便开始在抽屉里翻弄起来。忽然，两只小手停住了，似乎工作已经完毕。不，只见他又细细地观察了一遍班级，好像没有发现可疑人物。然后，飞快地从抽屉里掏出一个东西丢进嘴里。这一系列的动作快如闪电，甚至连最先进的数码相机也可能留不下一丝痕迹。做完这一切后，李博同学便靠在椅背上，很享受地慢慢品味嘴里的美食了。

正当"世界纪录"被打破，"猫和老鼠"追得欢，小馋猫偷品美味时……上课铃响了。

老师走了进来，而我们班的这群"乱臣贼子"们早已安静下来，乖乖地坐在座位上。

011

此生·最美

杨俊煊

有人说，拥有一帮朋友，就拥有了你此生最美的风景。

——题记

没事的时候，我总会回忆，回忆那个无忧无虑的幼儿时代，回忆一些最初的梦，回忆没心没肺的我们，发生过的啼笑皆非的故事。

那个时候的我们，也许前一刻恨过同桌，甚至会直接上手拧过对方的脸，咧开嘴号啕大哭……下一刻，又理所当然地擦去，自然而然地抱在了一起。也许那时很幼稚，但留下的都是快乐的记忆。

还记得刚上小学时，我和同学在学校操场角落用西瓜籽一起种过西瓜。辛辛苦苦，每天精心"照料"。发了芽，长了叶，都期待着结出果实，却不知被谁一夜之间斩草除根了。得知消息的那一刻，那种痛的感觉，是第一次的刻骨铭心，只感觉心中充满遗憾，却无能为力。

和同学折过纸飞机，一下课就站到走廊上，比赛谁的纸飞机飞得远。还和好友折了许多纸鸢花，装在玻璃瓶里，望着它们，许下心愿。

最深刻的记忆在四年级，老师的谆谆教诲，同学们的偷偷抱怨，会在我的记忆中存留。现在回想那时，没有快毕业的压力，不像低年级那么幼稚胆小，那真是一段最幸福的日子。我和朋友们放学之后会去买一些那时认为很好吃的零食，边走边聊；或是躺在草地上望着天空飘飞的云彩啦、风筝啦、飞鸟啦……心不会空虚。那时的我们很充实，却又很单纯，除了上学，就是玩耍。剩下的就是对好初中的向往，但总觉得未来遥不可及。

六年级终于还是来了，同学们都一下子感到了沉重的压力。为分数哭得一塌糊涂，为补习忙得没空看一看窗外的天气。但是朋友间的安慰和鼓励总是陪伴着彼此，有时是我给你带一杯奶茶，有时是你帮我把课外题答案多复印一份……

难以想象毕业典礼结束后，我们就要各自去到完全陌生的学校，然后逐渐疏远以前的同学、朋友。

但我相信我不会，我不会忘记小学同学；等有了中学同学，同时拥有了两大帮朋友的我，应该会更快乐充实！

有朋友真好！等再一次回首时，会发现锦瑟流年里，朋友，是你此生最美的风景，一起制造的回忆。就像那一朵纸鸢花，永不凋零。

冷

紫荆

还记得最初我满怀憧憬，满怀希望地踏进这个美丽的校园，我的心也和那时的夏天一样，是激动，是火热，是充满了向往的。

但渐渐地，我的心就像这夏入秋，秋入冬的季节变化一样，一点点地变凉，变冷……数学考试带给我的压力，和朋友之间发生的不愉快，运动会的失常发挥……都在我敏感的心上打了一层霜。

这是一个十分寒冷的早晨，窗外的风呼呼作响，顽皮地拉扯着枯黄的落叶。我和往常一样，梳洗完毕以后骑着小单车去学校。本来这是平凡的一天，而我却有丝淡淡的激动和紧张，今天就能知道数学期中测试的成绩了，我凭感觉觉得自己还行，所以十分期待。

我坐在位子上，眼睁睁看着老师捧着一堆卷子，面无表情地走了进来。此时，四十六颗心都在咚咚作响。也许是天气寒冷，时间仿佛被冻住了……

终于拿到卷子，我一下失望极了。顷刻间，所有的希望与期待全被打碎了，寒意透过了毛衣，贯穿了我的全身。看着伙伴们拿着卷子兴高采烈，我却是如芒在背。

郁闷地度过了一天之后，我又独自一人推着车走在校园的小路上，路灯把我落寞的影子投到了地上，寒风还是那么无情，刮得我的脸发疼。

忽然后面传来一阵急促的脚步声，房依停突然从我背后冒了出来，像平时一样和我爽快地聊天，她说的不是什么安慰人的温暖话语，只是我们以前经常聊的话题，虽然我的心没有立刻变暖，但却有了一股踏实感。

朋友一如既往的情谊和陪伴，使我渐渐觉得失败并不可怕。我不能因为自己一时的失败一蹶不振，而是应该总结经验，去挑战下一次的考试。

其实，人生就像是春夏秋冬变化往复。当心中的冬季来临时，我们不能就此绝望，而要振作起来，战胜寒冷。因为，只有走过那无情的寒冬，才能迎来温暖的春，火热的夏！

014

遇冷的友谊

李长丰

风凉飕飕的。

今天是阴天，可能还有雷阵雨。我叹了口气："体育课上不成了。"妈妈为我拿了许多衣服防寒，我本觉得没有必要，但真起床时发现那些似乎还不够。

早晨起晚了，来不及买包子了，只好吃昨夜的面包。我烤了一下，咬了两口，外面热里面凉，还坚硬似牛皮……我硬着头皮吃了下去。

出了门，一阵寒意袭来，从衣服的每一处空隙钻进来，浑身起鸡皮疙瘩，我又禁不住打了个寒战。走到了校门口，忽然想起热乎乎的牛奶还在餐桌上，我忘了喝。我觉得今天很倒霉，似乎是愚人节，连上帝也在捉弄我。

果然不出所料，一个人可能发生的最坏的事落在了我的头上。我的作业忘带；上课没专心听讲被老师逮个正着；到了食堂发现没有带饭卡……我觉得我是世界上最糟的人了，至少在那一刻，没人能比过我。

风好凉啊！

回家的路上，天上灰色的云变黑了，我意识到快要下雨了，便加快脚步以免又遇到什么倒霉事。我沮丧地在路上走着，小心地注意路面，偶一抬头，我看见了我在幼儿园里最要好的朋友！

我们有好几年没见了，他长高了，可头发还是那样可笑地翘起一撮，人还是很瘦。我常在收拾照片时想起他，他的笑，和他笑起来可以清晰看得到的肌肉的轮廓。然而他走过去的时候并没有笑，也沮丧着脸，可能和我一样遇见了什么尴尬或不高兴的事了。我本想向他打招呼，可我发不出声，我感到我的嘴唇好重，就这样木然地看着他离去了。

从幼儿园分开后的第一次相遇竟然就是这样的。我有一种说不出的感受，后悔、伤心、痛楚、失望……最明确的一种感觉就是"冷"！

我回到家，没有心思做作业。我想，如果当时我向他打招呼呢？他会怎样，是还我一个热情的回应，还是冷漠的眼神？我不知道，或许，只有安排这场相遇的人知道吧。

夜深了，雨下得很大，并伴着雷声。可我睡得很香，也没有做任何梦。也许是潜意识里不想去回忆不高兴的事，但我知道我永远不可能忘却，这段冷冷的相遇。

读书让我快乐

路雨婷

高尔基曾经说过："书是人类进步的阶梯。"

是的，书是人类智慧的结晶，它像一位忠实的朋友，永远伴随着你。

我很喜欢读书。从书中，我不仅收获了知识，更收获了快乐与满足。

晚上读书是一件十分惬意的事。泡上一杯清香四溢的茶，在发出银白色光芒的台灯下，打开一本书，沉浸在其中，像一块海绵，贪婪地汲取着知识，多好！

我最爱看经典名著，尤其是《三国演义》。虽然已看过许多遍，但那优美的文字，跌宕起伏的情节却令我爱不释手，百读不厌。

读着读着，我仿佛穿越了时空，同作者罗贯中一同回到了那个战火不停、群雄纷争的三国时期，被折服，被震撼。眼前，是弓弩齐发，金戈铁马；耳边，是金鼓齐鸣，杀声连连。我赞叹，我感慨，同书中的人物同喜同悲。

当看到"单骑救阿斗"时，我会敬佩赵子龙的忠勇无双；当看到"草船借箭"时，我会被诸葛亮的过人智慧所折服；当看到"大意失荆州"时，我会为关羽的狂妄自大而痛心，为蜀国的未来而担心……总之，书中的情节深深吸引着我，牵扯着我，拴住了我。此时此刻，一切都不再重要，我的世界里，只有书。

我如饥似渴地读着，不知不觉中，一个小时已悄然度过。看看窗外，夜深了，我依依不舍地合上书，但脑海里依然变幻着书中的情节。我畅想着，思索着，一个个生动的画面出现在我眼前。"后来主人公怎么样了？""故事将怎样发展？"一个个问号浮现在脑海中。虽然书已合上，但我的心却依然久久不能平静，一直激动着，为今天的收获而快乐。回味起来，那种快乐、兴奋与激动真是难以用语言来表达。

播下一颗爱书的种子，收获一片知识的芬芳。因为书，我的世界才多彩。

我爱读书，我因读书而快乐！

017

读《再见了，可鲁》有感

包明珺

在大多数人眼里，也许狗只是一只宠物，一种通人性，可以给人带来欢笑的动物。可当我读完《再见了，可鲁》这本书后，我对狗的看法完全改变了。

可鲁是一只拉布拉多犬，但它和别的狗不太一样。拉布拉多犬大多是纯色犬种，而它身上却有一块纯黑色如胎记般的十字形花纹，这似乎注定了它与别的狗不同，它的经历也充满了传奇色彩。

在1986年6月25日清晨，有一只名叫"月馆"的拉布拉多犬在水户莲太太家产下了五只小狗。那时已经是深夜一点了，因为特约的宠物医院太远，水户莲太太无可奈何只好自己接生。幸运的是接生很顺利，帮它们擦过身子后，水户莲太太发现有只小狗与众不同，左腹部有一块似海鸥的印记，因此给它取名乔纳森，也就是后来的可鲁。

水户莲太太为了完成自己的心愿，要把这些小狗中的一只送去当导盲犬，而可鲁是最适合的。它离开了水户莲太太家以后，便来到了仁井夫妇的家里。在他们精心的照料下，可鲁长大了，并被送进了导盲犬中心。经过了一年多刻苦的训练，它终于成为一只优秀的导盲犬。

可鲁的出色表现让盲人渡边先生改变了对狗的看法，也是它给渡边先生带来了快乐；而它又因为渡边先生的去世而提早退役。十一岁时，它的健康水平急剧下降，十二岁那年它被查出了白血病，在它生命完结的时候，仁井夫妇陪它走完了最后一程。

读完之后，我一直在想：就连一只狗都能为这个社会奉献自己的一生，而我们人呢？那些天天游手好闲的人是不是该为自己的行为而羞耻呢？我们在这个世界上停留的时间比狗多得多，作为这个社会中的一员，不应该为这个社会奉献一点什么吗？我作为一个学生，就要好好学习，长大成为祖国的栋梁！

米兰·昆德拉曾说过："狗是我们与天堂的联结，它们不懂得何为邪恶、嫉妒、不满。在美丽的黄昏，和狗儿并肩坐在河边，犹如重回伊甸园。即使什么事也不做也不会觉得无聊，只有幸福平和。"

我轻轻合上书，忠诚的可鲁感动了我，也感动了全世界！

读《荷花淀》有感

王艺璇

他们是一群积极的青年人。在前线，在硝烟弥漫的战场，他们托着枪，一埋伏就是好几个钟头，只为了一场胜利。

她们是这群积极的青年人的妻子，在前院编着席，等待着丈夫回来。

这是一个以抗日战争为背景的故事，讲述了一群青年人，为保家卫国而离开家人，投入那子弹横飞的战场。

读罢，心中多了一份感慨。

人们不喜欢战争，却注定要经历战争。中国的历史上，"九一八"的炮声，"七七"卢沟桥的枪声与南京大屠杀三十万人民绝望的呼告声，都使那个时代，充满了战争的阴影。

如果没有战争，横尸累累的土地也许还是枝繁叶茂的森林；如果没有战争，充满血腥的河流也许还是渔民们生活的乐园。

在21世纪，战争真的减少了，但离我们并不遥远。

世界何时能铸剑为犁？

展望历史，它是踏着横尸，穿越子弹，一步一步走向21世纪的！

西塞罗说："最勉强的和平也比最正义的战争受欢迎。"可见全世界的人都在呼吁和平。

生在这个年代，我们是幸运的。但若不是因为祖国的日益强大，那些披着人类外衣却有着野兽一般残忍性情的侵略者，怎会却步？所以，我们要记住过去惨痛的教训，让中国不再经历那样的历史。

安妮·弗克兰在她的日记中提到："战争有什么意义？人为什么不能和平相处？这一切破坏，到底是为了什么？"没有人能拿出完整的答案，我也不能。但我真的喜欢那片美丽安宁的荷花淀，喜欢那个妻子静静地编席子，孩子睡在身边，丈夫很快就能归来的夜晚。

愿我的祖国，永远都是荷花淀那般的净土。但若是豺狼真的要来，我也会拿起钢枪。

读《生命生命》有感

黄思乐

一篇好文章就像是一盅茶，香远益清，沁人心脾。时光抹不去它的清香，只会增添无穷的意趣。

今天，我重读克伦·沃森的《生命生命》一文，就有这样的感受。

生命是什么？或许是这个星球上最宝贵的东西。生命的伟大之处，不在于惊天动地，而在于平凡和琐碎。

是的，一只蜜蜂真算不了什么，它只有小得可怜的大脑，可有可无的眼睛，瘦弱无比的身躯——但生命的力量，就从此而萌发、显现。

真的，一只蜜蜂是算不了什么，它为什么要拼命地扑翅飞翔，朝着在人类看来是不可能的目标冲刺？答案很简单——它是一只蜜蜂，它要尽自己的本分。是的，尽本分而已。所以它要一次又一次地展翅飞翔，一次又一次地爬起努力，做着让人类认为愚不可及的事。

"我是一只蜜蜂，我生在这世上，让上帝安排我的职责，我将尽全力去完成它！"我相信这是蜜蜂们自豪的宣言。人们在赞美生命力量的同时，是否也思考过，这磅礴而发的，无坚不摧的力量，是从哪儿来的呢？

我一直想着，如果我是那只蜜蜂，我又会怎样呢？我，从未遇到如此挫折，但我作为一个人，也应当在有限的生命里，像蜜蜂那样为了自己的"本分"，为自己的目标而奋斗！

蜜蜂当然不会像我这么想。在它重新起飞时，重新飞回蜂巢时，一不会有人关心，二不会有人来歌颂，它还是像什么都没发生一样，勤勤恳恳，任劳任怨地工作着。

我们人类就幸福多了——至少在人生目标实现后，在理想成为现实时，可以自豪地对子女说："这一生，我没有虚度！"

我愿做这样一只为生命奋斗的蜜蜂，酿出我最甜美的蜂蜜。

自从有了它

何小慧

它，可爱，如娇憨的婴儿；它，顽皮，像淘气的天使；它，霸道，却讨人喜爱。它就是贪吃鬼——肥仔，我养的一只小狗。

它呀，其实就是一个不折不扣的"小恶魔"，别被它的外表迷惑！

可自从有了它，我的生活就更加充满了欢笑，天似乎更蓝，地似乎更广。每天我睡醒之后想的第一个念头是：肥仔好不好？它让我懂得了关爱他人，关爱身边的一切生命。

它有着米黄色的皮毛，迷你的身体，滚圆的水汪汪如黑宝石一般的眼睛，小巧的鼻子也是黑色的，嘴巴小小的，仿佛嘴角还有一些向上的弧度。乍一看，是一张纯洁的小脸蛋，还在朝你微笑，如同婴儿一般无邪。啧啧，别上当，那不过是它的表面罢了。

下面，来看看它"邪恶"的本性吧！

当我捧着爸爸从外地带来的上好月饼，准备边看电视边享受一番时，突然觉得脚底板一阵一阵的痒，顿时使我的目光转移——原来是肥仔在舔我的脚。我一边哭笑不得地放下月饼，一边低头想抱它。突然，肥仔飞速移动它胖胖的身躯扑向月饼……唉，贪馋的肥仔竟然"不择手段"，舔我的目的其实是想抢我的月饼吃啊！那月饼怎能给肥仔？它们可是爸爸特地从外地带来的呀！剩的也不多了！

容不得我继续思考，肥仔已不断跳起，向我放在茶几上的月饼进攻。我敏捷地一下子站起，捧起月饼就走。可它却穷追不舍，每当追上我时，便用它那小乳牙咬我的脚腕，不是很疼，但却很痒。我拿它没辙，只得扳下一小块准备给它。而它聪明过头，知道我已经认输了，大模大样地走回自己舒适的小窝，坐在那儿仰头等着我喂它，活像一个小霸主。我只好乖乖地将月饼放入它的碗中。而它闻了一会儿，舔了几下，又咬在嘴里尝了一下……结果，竟然又吐了出来，转头就睡觉了！只剩下我气急败坏地瞪着它，不断骂它"真浪费"！

自从有了它，我的生活就多了一份欢乐！

我 养 的 蚕

王阿亮

最近，我看同学们都养起了蚕，自己也不甘落后。闹着爸爸让他给我买几只，他答应了。

过了几天，爸爸给我带来了十几只蚕，是刚出生的。邻居阿姨说，一般刚出生的蚕都是黑色的，而且极小，只有蚂蚁那么大，所以有"蚁蚕"之称。

我找来一个鞋盒，轻轻地将盒子擦干净，又细心地铺上几层干净的纸，这样它们的新家就做好了。我将新鲜地桑叶剪成一条条细丝均匀地撒了一层。然后，我小心翼翼地把它们移到桑叶上。马上，它们就趴在桑叶上用夹子似的牙夹住叶片，"唰唰"地吃起来。它们可会吃了，小小的头转一圈，桑叶就会出现一个小洞。真有趣！

每天晚上放学回家，我都会去探望它们，为它们打扫"房间"，给他们喂食。有一天，我发现蚕宝宝一动也不动了。我吓坏了，以为它们死了，就去问邻居家阿姨。阿姨说，这是蚕要"脱衣服"了。它们先是睡在那儿，醒来后就开始蜕皮了，脱掉"黑衣服"，换上那漂亮的"白外套"。

在我的细心照顾下，蚕宝宝已经过了四次蜕皮，一天比一天大，现在已经变成蚕姑娘了！它们身长约17毫米，半透明，白白胖胖的，可漂亮了！它们食量也大多了，以前每天只要喂一次就好了，现在要喂三到四次。每当我听到它们吃叶子的"沙沙"声，就开心极了！

又过了一段时间，我忽然发现它们都用吐出的丝建造了属于自己的"空中城堡"，并把自己关在了里面。我于是把鞋盒放到了阳台上，半盖上盒盖，帮助保温。

一周后，它们冲破了城堡，飞了出来。哦，我没想到，它们居然长了翅膀！

我一下子有点慌乱，赶紧打开了阳台的玻璃窗。长出了翅膀的蚕们在阳台上转了两圈之后，就飞走了。临走前，它们似乎还回头望了我一眼。我想："它们一定是想感谢我照顾了它们吧。"

我低头看着鞋盒里剩下的光亮亮的蚕茧，不由想到一句诗："春蚕到死丝方尽，蜡炬成灰泪始干。"

蚕，我们的榜样！

024

可爱的小乌龟

王　珂

爸爸买回来一只小乌龟，将它养在阳台水池里。每天放学回来，我总要先去看看它。

它背着一座绿色的"小房子"，上面还绘着一块块六角形的花纹，每块花纹四周嵌着一圈漂亮的黄色花边。它的脑袋尖尖的，两侧向外突出的眼睛仿佛绿豆，那长长的脖子常常缩着，一只小尾巴也时时藏在"小房子"中，有时一点都看不见。它那黑黑的四肢上长着尖利的爪子，看上去厉害着呢，阳台水池里我扔进去的塑胶小球上全是它的爪痕！可其实它很胆小，一碰它，它就赶紧将头、四肢、尾巴都缩进坚硬的壳里，一副"惹不起躲得起"的样子。

小乌龟在夏秋时节最活泼，喜欢在池底欢快地爬来爬去，有时脖子伸得老长，好像要欣赏外面的世界。看它吃东西可不容易。有时我用特意买回来的龟食喂它，它似乎不屑一顾；可第二天我就发现龟食全被吃了，真搞不懂它何时偷偷下的口。上回我拿小虾仁喂它，它起先也不理会，过一会它以为我不注意它了，就张口咬住一个。它用有力的前爪按住，拼命撕扯着，津津有味地吃起来了，直到吃饱之后，才爬到水中的石头上睡起觉来。它哪里知道，这一切全被我看在眼里！

有时候我逗它，突然伸手抓住它的小尾巴，它就会使劲扭动着收缩身体，企图把尾巴收起来。而如果这时我把它拎起来，它就会歪着头瞪着我发脾气！

025

小乌龟真可爱。

据说，乌龟是长寿的象征，有些人家养的乌龟能一直陪伴着主人家几十年甚至更长时间呢！我希望它也能永远陪伴着我，与我一道健康成长！

金毛洋洋

杜龙玥

　　我家养了一条拉布拉多犬，又叫金毛，因为它身上的毛是金黄色的。它是我十岁时爸爸送给我的生日礼物。他说如果我一个人寂寞的话，就跟它玩吧，因为金毛是人类最忠实的朋友！

　　我可喜欢这条金毛了！它浑身的毛在阳光的照耀下会闪闪发光，就像披上了一件耀眼的黄袍，俨然就是一个威严的皇帝！它脖子上的长毛垂下来，一直拖到前腿上，很有非洲雄狮的气派，但又没有狮子的凶猛。它的性情非常温顺，所以也是适合"任职"导盲犬的狗。

　　因为我觉得它的长相很酷，所以我给它起了一个可爱的名字叫"洋洋"——喜气洋洋，也温柔得像羊！

　　洋洋很喜欢吃骨头。每次我们家吃饭的时候，我总会特意把骨头挑出来，轻轻放在它的食盘里，生怕肉掉在地上。它一看到肉到碗里了，就会摇着尾巴向我表示谢意，然后便津津有味地吃起来。洋洋吃东西目不转睛，前爪还会护着，生怕有人抢了它的美味佳肴！

　　有一回，爸爸晚上拉它出去溜达，没有给它上套绳，洋洋就这样给走丢了。而洋洋失踪那段时间，我天天想念着我心爱的金毛，回忆着从前和它在一起时的美好时光……

　　一个星期日的早晨，我懒懒地望着白色的天花板，心情很差。我不停地想着，洋洋现在不知怎样了，眼泪不知不觉地沾湿了枕巾。

突然，我听到门口有"吧啦吧啦"的声音，还有一些细细的"呜呜"声——这是小狗用爪子扒门的声音吗？我一下子从床上跳起来，刚跑出房间门，就听到了我最熟悉的"汪汪"声。那声音就在门外，像在告诉门里的人："我回来了！我回来了！"

是洋洋吗？我一开门，啊，果然是洋洋！虽然浑身是泥，但是那可爱地摇着尾巴的模样我怎么可能忘记！对，就是洋洋！我心爱的洋洋回来了！我欣喜若狂地抱起它，赶快打电话向家人报告这个开心的消息。

之后我给它洗了一个热水澡，又细心地为它吹干。然后，我喂它吃它最爱的火腿肠，又像往常一样欢天喜地地在院子里玩了一下午。以前那美好的的时光又回来了！

我不知道洋洋是经历了怎样的艰辛才找回了家。但我对自己保证，从今往后我会更加关心它，照顾好它，再也不让它失踪。因为我不能再失去洋洋这个好朋友！

我最爱的人

陈芝萱

"左三圈，右三圈，脖子扭扭，屁股扭扭……"是谁在跳健康操呢？不用问，一定是我的奶奶。我的奶奶很可爱，我们家都叫她"老顽童"。为什么呢？

想到火星做客的人

我的奶奶有一个很奇怪的想法。那一天，奶奶正在看新闻，新闻上正在介绍一个国际项目，不但介绍了坑坑洼洼的火星，还向全球招募志愿者去火星。奶奶来劲了，神神秘秘地说："孙女，我想去火星看看。"

我不敢相信我所听到的一切，嘴巴张成了"O"形，心里全是问号！奶奶竟然想去火星做客？奶奶还说："实在去不成，我也至少要活到一百岁。"

说做就做，奶奶于是天天去公园晨练、跑步。我在想，或许真的有一天，奶奶能到火星去！我为奶奶的"远大理想"点赞！

紧跟时代的人

步入了21世纪，科技已经越来越发达了。人人都用上了手机、电脑等高科技产品，我的奶奶听说出了智能手机，马上吵着要买。

最近，奶奶看我上QQ聊天，爸爸妈妈则是用微信聊天而忽略了她，于是走过来"谄媚"地说："孙女，最近我经常看到你和爸妈都用手机聊得热火朝天的，你教教我吧！乖孙女，好孙女。"没办法，我只好答应了奶奶。

现在，奶奶跟她的一帮广场舞舞伴都用上微信群聊了，真是与时俱进啊。

古道侠肠的人

奶奶活了一把年纪了，但身体一直很好。她为人也很好，经常帮助邻里或居委会做一些事情，邻居们都很喜欢她。她的热心肠可以用一句话概括——"路见不平，拔刀相助。"

有一次，奶奶看到小区门口有个男孩欺负一个女孩，拦着她不让她进小区。奶奶二话没说，就冲了上去，吓唬那个男孩说她已经报警了！男孩吓得撒腿就跑。

我真佩服奶奶的勇气。

我的奶奶就是这么一个可爱、时尚、仗义的奶奶。我爱她，更钦佩她的品质。

我的爷爷

韩佳璇

我的爷爷生于1952年，1968年上的高中，1970年因为"文化大革命"提前毕业。当时大学停止招生，爷爷才暂时放弃了学习的念头，直接步入初中当了数学老师。等到"文化大革命"结束，爷爷又开始读书。在1984年入党，成为一名光荣的党员。2012年爷爷从教育局退休，后又被某单位聘请，继续他的"革命"生涯。

爷爷是一个很精神的人，乌黑油亮的头发，丝毫看不出他已经60多岁了。他从不留胡子，看起来精神焕发；两只眼睛似看透了世间万物，炯炯有神。他只有读书看报时才会戴起老花镜，但也没有上了年纪的人的愚钝。他不会眼睛直盯着刊物发愣，他也不会埋头在刊物中无法自拔，他更不会用手指着字看书，却喜欢颇有闲情逸致地一边喝着茶一边关心时事。

爷爷是个仔细认真的人，他从前是数学老师兼教务主任，十分有威严。他在学校中结识的一位好友——钱扬清老师，是一位语文老师。他们俩曾长期搭档，带领的班级成绩很好，许多学生直至现在还与他们保持联系。

后来钱爷爷去了上新河中学教书，爷爷留在了教育局工作。如今，他虽然早已不教数学，但对数学仍很感兴趣。刚上小学时我常诚恳地向他请教，他总是叫我读好多遍题，读完后他用那老旧的计算方式帮我解决。后来，我总会用老师教的方式与他对峙，往往会引发家里的一场"唇枪舌剑"。当然，如果我寻找到了正确答案，他也向我虚心请教，所以我非常喜欢和他一起学习。现在，小学五年级后的题，他就再没插过手，常常说我"青出于蓝而胜于蓝"啦！

爷爷是一个饱经风霜的人。他在这六十多年来的人生，经历了许多事。他用他的汗水换得了成功，他用他布满老茧的双手赢得了赞赏，他用他的皱纹描述了种种艰辛——我无法用我这笨拙的文字一一描绘，许多事情非要亲自经历才会知道有多么刻骨铭心。

我喜欢我的爷爷，绝不单单因为他是我的家人，也因为他用他大半辈子的经历向我们展示老一辈人与时间赛跑，与困难斗争的不屈精神。

030

心中的银丝

严 淑

我从四岁开始和爷爷奶奶住，爷爷奶奶给我的教育影响了我的立身行事，人们都说我既像奶奶那样爱整洁，又像爷爷那样做事认真。

奶奶是个爱干净的人，家里处处都要求整洁有条理。爷爷说我们家刚准备搬到茶南时，因为是二手房，所以家里是一片狼藉。墙上积着厚厚的一层灰，地上居然还有老鼠在爬！奶奶一个人整理（她做事不喜欢别人插手），一个月之后家里就变得井井有条。

每天早晨，奶奶都很认真地打扫家中的卫生，年年如此，日日如此，所以家里始终保持着窗明几净，几乎一尘不染。小时候的我就像跟屁虫一样跟在奶奶后面"乱帮忙"。因此，奶奶深深地影响了我，使我养成了爱干净的好习惯。我的房间同样保持着整洁、卫生，小时候奶奶帮我整理，现在就是我自己收拾。

在我的印象里，爷爷做什么都极其认真，并且用他的言行教导我要认真读书，对我的要求很严格甚至严厉。当我做错了事或者读书不认真的时候，他还会打我。

读小学三年级的时候，有一次我的数学考试考了九十九分，被扣掉的一分是因为我把十写成了十六。爷爷看了以后二话不说拿起手边的戒尺就往我手上一刷，一个红红的尺印子留在了我的手上。可我也不知道为什么没有哭，或许是我也认为该打，所以我的大脑没有指挥泪腺让我的眼泪流下来吧？直到今天爷爷还常常用这个低级错误来提醒我。因此我也像爷爷那样做事认真，特别是在做作业的时候决不马虎，也博得了老师、同学的赞许。

爷爷奶奶辛苦将我爸爸拉扯大，现在又承担起本应由父母承担的抚养我的任务。岁月不饶人，他们额头上的沟壑越来越深，青丝已经变成了银发。我只有认真学习，认真做人，让爷爷奶奶为我骄傲，才能回报他们的付出。

我感谢我的爷爷奶奶！

星　河

陈　越

蝉鸣的七月，似乎又比往年此时多增添了一份热度。只有夜晚，才会有一股凉风在院子的草坪上吹过，使花草窸窣作响。萤火虫们总是三三两两地出现——它们，是夜晚站岗的孩子，不停地闪烁着那点点光芒。

儿时的夏夜，我爱躺在草坪的凉床上，很舒服。在我的身旁，一直陪伴有一位慈祥的老人，那就是我的奶奶。我特爱听她讲的故事——

"奶奶，天上的星星都有眼睛吗？"我指着右上角最大的一颗星星问道。"有啊，它们每个人都有一双千里眼，在遥远的星河里，瞧着我们俩哈哈笑呢！"奶奶边抚摸着我的发丝儿边应和道。

"奶奶，星河是什么样的地方？"我笑嘻嘻地望着她。"它呀，是星星们的家，就像长江那么长。那些星星啊，就在这河里享受着银河妈妈给它们的滋养，就像你妈妈疼着你一样！"她点了点我的小鼻子。

听到这里，我感觉有点疑惑，星河妈妈一个人养着这么多小星星，真是辛苦啊！

每到夏夜，奶奶就这样陪我聊着星河。星河，就像母亲一般看着

我；我呢，也常常幻想着自己畅游在星河里……

四岁，我来到了南京这个陌生的城市。夏夜，这里见不到星河，只有停不了的嘈杂声……

过着这样的生活，我渐渐长大了；小时候的星河，在我的记忆中渐渐逝去。

七岁，乡下的奶奶搬过来了。我一见到她，就连忙问起了家乡的琐事。偶然一次，她提到星河，提到小时候我常常要星河当我的妈妈，还说我每天一早起来就望着天空找星星……我就好似听故事一般，津津有味，听着自己忘却的事，忍俊不禁。

奶奶感慨城市的天空看不到星星。我一本正经地认为这是理所当然，却又掩饰不住心里的激动，使劲回想小时对星星独特的热爱之情。美好的感情慢慢在心里流淌……

不知为什么，奶奶来的那些天，我晚上常常会梦到星河，梦到我在星河中畅游。那些大大小小的星儿，就像夏夜的萤火虫，围着我欢呼跳跃。它们的身上发着光，表情很天真。我就那么轻轻松松地漂浮着，星星们为我站岗，伴我前行；我笑，星星们也笑，就这么笑了一晚……

033

星河，你是我幻想中的母亲，牵着我的手，带我遨游。奶奶，你是我童年的导师，你用娓娓动听的故事，给了我一片天真美好的净土。

月牙花儿　心情角儿

　　我望着夜空，久久难以入睡。爸爸在北京工作，不能经常在家。他平时那么忙，但是每次回家都会抽空陪我玩。而今天下午，他一直骑得不快，应该是……爸爸不想错过让我快乐的每一个机会，即使是很累……

　　天上的明月似乎更圆更亮。而那突然间变得无比悦耳的打字声，却久久萦绕于耳畔。那一声声触碰，似乎每一下都在抚摸我的心。

妈妈，请放心吧

浦 洁

坐在窗前，凝望着远方。一阵清风吹过，它把桂花的芳香送到我的身旁。渐渐地，思绪伴随着桂花香带我回到了从前。

小的时候，我和爸爸、妈妈、爷爷、奶奶一起住在老家。后来，爸爸在我两岁的时候来到南京打拼。

妈妈最喜欢桂花了。正巧，院子附近就有几棵桂花树。每年的九、十月份，桂花开，整个院子里都弥漫着桂花香。妈妈喜欢带我去桂花树边做游戏，可是在我三岁的时候，妈妈说她要去南京找爸爸了。

妈妈收拾行李，准备去南京了。我真的很舍不得。送妈妈去车站的路上，我一直拉着妈妈的手不肯放开。到了车站，妈妈停下来，看着我，那一瞬间，我哭了出来。眼泪像下雨似地一直不停地往下落。妈妈蹲了下来，帮我擦着泪水，温柔地说："乖，在家听奶奶的话。你要让妈妈省点心呀……"妈妈说了很多，我只听进去了几句。但是有一句我听得很清楚："妈妈很快会回来的。妈妈回来的时候，带你一起去找爸爸！"听了妈妈的话，我小声地说："妈妈，放心，我会听话的。"妈妈笑了笑，拿起行李，向我摇了摇手，然后上了车。目送着妈妈的车离开后，我一边抽噎着，一边和奶奶回家。

之后，爸爸在南京立下了一番事业，也在南京买了房。妈妈也如期回来接我。

现在的我长大了，渐渐有了自己的思想，自己的情绪。有时和妈妈的观点会产生一些分歧，也会经常为了一些小事吵得不可开交。我总是觉得自己是对，可妈妈总是觉得我是错的。我想告诉妈妈我长大了，有些事情可以自己做主了。可是妈妈却说："小孩子，能懂什么呢？"我知道妈妈是因为太爱我，所以才会那么时时事事管着我。

我真想对妈妈说："妈，我已经长大了，不再是当年那个每天都依赖你的小女孩了。我可以很好地自理自己的生活，我可以独立了。妈妈，请像你当初的离开一样，让我独立面对未来吧！"

我家故事之"逼上梁山"

骆 玥

我温馨的小家共有三口人，但是"等级划分"很严重："皇帝"、"太尉"和"平民"。

老爸自然就是至高无上，掌握"生杀大权"的皇帝。老妈就是那守卫"朝廷"，一人之下"万人之上"的太尉。而我嘛，就只有当乖乖顺从的平民的份喽！

我们家平时相处得非常融洽，但是我最烦恼的就是爸爸妈妈管我太死，一点自由都不给我。而且爸爸说一不二，妈妈呢总是给爸爸帮腔。所以，我时常有"造反"的冲动。

今天就让我来讲一个"逼上梁山"的故事吧！

话说两年前，"女林冲"——我，一次考试不佳，"骆皇帝"和"杨太尉"决定给我上上规矩，于是他们就制定了一条奴隶制规定：若想得零用钱，需靠劳动次数和考试分数来获得。就这样，小财迷的我落入了"白虎堂"的圈套——

首先我选择了看似轻松的家务活，可是温室里的花朵又怎能经得住烈日下的烘烤呢？很快，我就向他们缴械投降，败退了下来。

无奈何，我将最后的一线希望压在了那可怜的考分之上。

就我的理解，若想得高分，一个字——"拼"！常言道：吃得苦中苦，方为人上人。于是乎，我开始埋头苦拼。

"当、当、当……"闹钟响了十下之后，黑夜精灵的魔法开始发挥作用了：困倦的爸妈耷拉下了眼皮，头也不抬就昏昏沉沉地睡去了。只有我一个人在"悬梁刺股"，发奋努力着。黑眼圈没能吓倒我，小痘痘没能吓倒我，这些只能在我的学习中起到激励我的作用。

"丁零零……"下课了，同学们像脱了缰绳的马驹，涌向校园的四面八方。我捂住耳朵，想抵御下课玩耍的诱惑。同学们的欢声笑语，活跃的身影让我不由自主地挪动了身体。可猛然间，一张张"百元大钞"仿佛出现在我的眼前。我晃了晃脑袋，又继续复习去了。

就这样，我每天废寝忘食地学习，吃饭时和父母争论，回家的路上与同学们讨论……此时的"女林冲"已开始向梁山步步逼近。

考验我的时刻终于来临——期末考试来了！原本那自信满满的心一下子就瘪了下去，时刻担心我名落孙山。直到老师宣布了成绩，表扬我考到了第一名，我那忐忑不安的心才平静下来。

林冲终于被逼上了梁山，而我，也被爸妈逼成了第一名！

怎么样，我们家的故事有趣吧？其实，我家还有令人哭笑不得的"猪八戒吃西瓜"的故事，令你笑破肚皮的"唐伯虎招亲"的故事，让人感动得"报得三春晖"的故事……

有机会，来我家听故事吧！

我生活在幸福之中

肖志宇

21世纪，人们的生活水平飞速发展，于是一部分人的幸福观开始变了，好像只有住别墅，开奔驰，用苹果手机才会幸福……

其实我觉得幸福就存在于平凡生活的点点滴滴，不信你瞧——

餐桌上的幸福

早晨洗漱完毕，早饭的香味已扑面而来，这使我本来就已饿了的肚子一下变得食欲高涨。妈妈将鸡蛋和包子装在一个大碗里，又将稀饭给我盛好，再坐在我对面，微笑地看着我狼吞虎咽。我咬了一大口包子，香喷喷的肉馅塞了满嘴……

我知道我就生活在幸福中。

睡梦里的幸福

夜已深了，我房间的门被轻轻打开，紧接着是一阵"窸窸窣窣"的脚步声。原来是妈妈，劳累了一天的她刚下夜班，顾不上自己休息偷偷来看我。她悄悄地走到我的旁边，把我露在外面的脚和手都放进被窝，再将我的被子往上拉一拉。我假装熟睡，一直等到她出去，才不由微笑地沉入梦乡。

即使在梦中，我也知道我是幸福的。

学习中的幸福

又是一夜苦战，时间已经十点。爸爸虽然早已辅导不了我的作业，但他也在不住地鼓励我，为我打气。第二天放学回到家，爸爸兴高采烈地告诉我，他问了他们单位新来的大学生，已经搞懂了我昨晚的数学题，可以教我了！看着爸爸鬓边已有的白发，我觉得鼻子酸酸的。爸爸为了我，真是呕心沥血啊！一股幸福感不禁油然而生。

我知道此刻的我是最幸福的人！

同学们，珍惜平凡的生活，珍惜爸爸妈妈的陪伴吧，这就是无价的幸福。

我 爱 我 家

季可欣

家，是人们心中温暖的港湾，是人们永远都去不厌的地方。

我的家庭十分简单：爸爸、妈妈、我和偶尔过来住的爷爷奶奶。我家成员虽简单，趣事儿可不少哟！

"老顽童"

我的爷爷现在还童心未泯，喜欢拿些小玩具吓唬我和表妹。

一天，我正在写作业。突然，一条黄色花纹的蛇吐着信子，还摇着尾巴爬上了桌子。我吓得"啊呀"一声，把笔一扔，转身就跑。等我拉着奶奶回来时，只见爷爷拿着那条"蛇"，蹲在桌边哈哈直笑呢。

爷爷不仅喜欢玩，还是一个"巧花匠"。

爷爷把阳台改装成了一个小花园，摆上各种各样的花花草草。所以我家的阳台一年四季五彩缤纷，花香不断。

爷爷有一盆月季，花开得特别大，特别香。爷爷也特别喜欢这盆花，把它摆到最好的位置，还立了一小块"禁止采摘"的牌子。我趁爷爷不注意，偷偷摘了一朵。爷爷浇水时，用火眼金睛一看，发现自己的爱花少了一朵，火气立刻上来了。他问是谁采了他的花，没人回答，又问了一次，还是没人回答。我虽然也没吭声，但爷爷突然明白了什么，以迅雷不及掩耳之势翻我的口袋，从我的口袋里掏出了已经压变形的花。爷爷一看花的这副惨状，可谓是痛心疾首哇！我一看"偷"花被发现了，脸"唰"地红了，嘟嘟囔囔说是要为他吓唬我报仇……

爷爷没管我偷花的事，只沉浸在他的悲伤中。事后，爷爷还非常仔细地把压碎了的月季花瓣埋在花盆里，说这叫"落花归根"。

041

"逛街狂"

我的妈妈酷爱逛街，每星期都要出去逛街，还喜欢带上我，常常把我累个半死。

妈妈为了逛街"不择手段"，理由多多："哎呀，你这件衣服好像小了，我们再去买两件吧"。一听这话，我便如闻晴天霹雳。

妈妈逛街是劲头十足，令人无奈。她买完衣服买裤子，买完裤子买鞋买包，最后还不忘买袜子！我和爸爸跟在后面，累得气喘吁吁，因为妈妈买的衣服、裤子……一律由我们拿！

虽然我家有会捉弄我的"老顽童"爷爷和会折磨我的"逛街狂"妈妈，但我们一家都彼此相爱，亲亲热热。

家，我心中温暖的港湾，我永远都去不厌的地方。爱我的家！

父亲小传

曹亦凌

吾父名曰曹斌，取文武双全之意也。

面黄略黑，不蓄须。生于扬州，长于扬州，现定居于南京。其父母皆为庄稼人，另有一弟。其孝父敬母，逢节必归。

脾气略急躁，凡事皆雷厉风行，且认为事事皆需计划，做时需井井有条。

吾父二十一岁毕业于同济大学。二十一至二十三岁间就业于南京手表厂，任技术员一职。二十三至二十六岁间就业于南京二建上海分公司，位至科长一职。于二十五岁成婚。二十七岁回到南京，在南京大地建设三分公司工作。二十八岁得一女，并时常笑曰："吾得一小人也。"三十至三十一岁之时得升迁，前往总公司，任科长一职。而后公司改制，吾父离开，就业于华辉工程项目有限公司。

吾父实乃闲不住之人。当其三十四岁时，自立创办南京圣莱特有限公司，投入大量心血。人生难免不如意，此番创业并未成功；又因劳累过度，中年谢顶，非常郁闷。不过如今其发浓密，丝毫不见当年谢顶之势。而后吾父东山再起，又加盟南京旭昌商贸有限公司，成为股东。而今其工作于此，收入稳定，亦十分满意。

以上系吾父人生履历，着实丰富。但其并非工作狂，实为有情调之人也。

闲时其乐于喝茶下棋。茶几上品种多样之茶叶盒是极好佐证。吾归家之时，常闻到茶香丝丝，推门走进，只见一雅致紫砂壶飘出袅袅白烟，几盏精巧紫砂杯放置于桌上，错落有致，甚是诗意。

吾父自喻"酒中仙"，因其热衷于品酒。白酒、红酒、黄酒，甚至国外威士忌等洋酒其都能娓娓道来。餐时自斟自饮，实是逍遥自在。

吾父工作稳定，婚姻幸福，看似粗糙，实质细腻。是新世纪居家旅游必备好男人典范也。

我的父亲

汤嘉伟

"总是向你索取，却不曾说谢谢你，直到长大以后，才懂你不容易……"

我的父亲如歌中所唱的那般，包容、慈祥，每当我试图帮他做点家务时，父亲便会用他那独有的责备来教育我："小子，你看看你，这么点儿力气也想烧菜？菜不全被你烧煳了才怪。看看你老子我这肌肉，烧菜什么的轻而易举。而且啊，我告诉你，等你有了肌肉，别人想欺负你时，你肌肉一露，一用劲，保证他们吓得爬都爬不起来……"

"每次离开总是装作轻松的样子，微笑着说回去吧，转身泪湿眼底……"我回过神，耳边依旧是那首歌，我向着窗外看去，不由地又出了神。

还记得小时候，每次父亲出差时，我总会跟到父亲身边说："爸，带我一起去吧！"而父亲也总会摸摸我的头说："不行哦！工地可是很危险的。不过你放心，爸爸我肯定会早早地回来，还会带着你最爱吃的汤包哦！"父亲一脸的微笑，潇洒地转过身，可是那微微颤抖的肩膀却出卖了他。

"时光时光慢些吧，不要再让你变老了，我愿用我一切，换你岁月长留……"再次回过神，我看到了父亲在阳台忙碌的身影，我忽然发现父亲的鬓发不知何时变白了。白发夹在黑发里，更显得白发如银。看着他忙着腌菜的背影，泪模糊了我的视线。

"一生要强的爸爸，我能为你做些什么？微不足道的关心收下吧……"音乐依旧在放，我放下手中折了一半的衣服，走到阳台，轻轻抱住父亲的腰："爸，今天的晚饭，我做吧。"

"怎么啦？小子，你就不怕再把菜烧煳了？"

"不用担心。爸，你牵挂的孩子，长大啦！"

044

我 的 母 亲

范梦娜

我出生到现在整整十二年了，十二年来，母亲为我付出了许多，她既是慈爱的母亲，又是严格的老师。

孩童时期的我是弱小的。每当大孩子欺负我，母亲都会及时地出现在我的面前，教育那些大孩子，然后拉着我的手回家，做我最爱的青菜炒饭给我吃。不知为什么母亲做的菜有一种特别的味道，长大后才明白那是被保护的味道。

刚上学时我成绩极差，母亲很为我担心。每个周末会推掉工作，在家中督促我做作业，当我累得趴下时，母亲会告诉我学习有多重要；当我遇到难题时，母亲会鼓励我，陪我动脑筋想办法，直至问题解决；当我取得优异成绩时，母亲会告诫我，不能骄傲。学习虽然很累，但我总很享受母亲的教育。

长大的我很叛逆，常常与母亲吵架。那天晚上，我因成绩总是上不去而心情烦躁。回到家后，母亲看了我的成绩，十分生气，说我这也不好，那也不好，说我应当怎样不应当怎样……她的严格要求让正在吃饭的我实在忍不住，不由冲着母亲吼了一句："我这么不好，你干吗把我生出来？"

扔下筷子，我回到自己的房间做作业。待做完时，肚子早已咕咕地叫。这时，我的母亲轻轻地推开我的房门，将刚热好的热气腾腾的饭菜端到我的面前。

面对母亲通红的双眼，我的泪水夺眶而出！我的任性给母亲带来了多大的伤害，而她却一如既往地为我操心。被母亲疼爱，是多么幸福。

母亲，你是太阳照耀着我这枝花朵，你是甘霖滋润着我这株幼苗，你是大树遮挡我这棵小草。你对我的爱悄无声息，你对我的爱却有香有形。

045

月牙花儿　心情角儿

妈妈，一个天使的名字

徐妍然

母爱是水，滋润我们干涸的心田；母爱是灯，照亮我们前行的道路；母爱是风，吹散我们成长的烦恼。

我幼时的记忆里，没有母亲焦急地在半夜三更抱着我穿街走巷去医院，也不知母亲是怎样耐心地一遍一遍地教我说出第一句话……但我记得每天呼唤我醒来的是母亲，每天送我到学校门口的是母亲，每天为我整理书包清洗衣服做饭做菜的还是母亲……

我想对你说："亲爱的妈妈，谢谢您！"

您在我的心目中是洁白纯净的天使，是葱茏挺拔的大树，是一望无际的蓝天！

记得幼儿园大班时，老师曾经在班级里做过调查，调查内容是有谁记得自己母亲的生日，结果只有三名同学知道，而我就是其中之一。当时，老师狠狠地表扬了我，我为此感到特别骄傲！

接着，老师又问有谁给母亲洗过脚，结果是一个也没有。我愕然了。是啊，想起自己每次过生日时，母亲给我买的很多礼物——工艺精美的陶瓷娃娃，绿油油的盆栽和漂亮崭新的衣服等等。自己虽然记得妈妈的生日，却从没为妈妈做一件小事！

于是，老师布置的家庭作业就是：每人帮妈妈洗一次脚。晚上回到家里，我摇摇晃晃地端着脚盆说要给妈妈洗脚，妈妈愕然了，她还从来没有享受过这种待遇呢！妈妈说不用我洗，那样她很不自在。但她没有拗过我，只好帮我打好水，主动坐到我对面，让我帮她洗脚。看着妈妈瘦瘦的脚，脚背上满是青筋，脚底都是硬皮……我心里酸酸的，想着自己过的安逸的生活，都是妈妈吃苦受累带来的，而自己有时还惹妈妈生气，真是不应该呀！

母爱是一片阳光，无私地温暖着我们；母爱是一把伞，为我们撑起一方蓝天。母亲给我的爱，让我忧伤时重拾信心，让我在人生路上奋起前进，让我在人生的道路上迈出成功的一步又一步！

妈妈——这是一个天使的名字！

那一次，我懂得了父爱

刘 浩

去年暑假，大伯带我去了张家界旅游。返回南京的飞机原本应是晚上十点起飞的，可受台风的影响，飞机推迟到十二点才起飞。经过两个小时的空中旅行，飞机终于在凌晨两点多才在南京禄口机场安全着陆。

大伯打车送我回家。马路上早没有了白天的拥挤，只偶尔有几辆出租车与我们擦肩而过。当车行到南湖广场前的红绿灯时，我看见小区门口站着一个人，双手不时上下挥舞，左右摇摆……

我很纳闷：都这么晚了，这人还站在这儿跳舞吗？不回家睡觉？

月牙花儿 心情角儿

车子驶近，我才发现那个人竟是爸爸！他上身穿着红T恤，下身穿着黑色休闲短裤，不停地挥手驱赶或拍打着身上的蚊子。爸爸好像已经站了好久了，额上挂满了汗珠。爸爸没看到我们，只是焦急地向街道两头扫视。

看到爸爸那焦急的样子，我心中一颤。

爸爸是位工程师，白天要到工地现场，顶着烈日上班，下班回家还要绘图做预算……现在都凌晨三点了，还站在街上等我。明早又要早起上班，太辛苦了！

此时我摇下车窗，真想赶快大喊一声"爸爸！"，可喉咙像被什么堵住了，只有眼泪溢满眼眶。

车子停在了爸爸身边，爸爸才看见我们，他那疲倦的脸上绽开了欣慰的笑容。我立即打开车门，跳下去，给了爸爸一个拥抱。爸爸搂着我的头，端详了我好一会儿，好像几年没看见我似的。然后对大伯、大妈说："你们辛苦了，谢谢你们照顾刘浩，过几天咱们聚聚。"大伯说："一家人怎么说两家话？没关系，快回去吧。""你们也赶快回家休息吧！"望着大伯坐车远去，我迫不及待地问："爸爸，你等了多长时间？"

"半个小时！"

"哼，不会吧？"

爸爸望了望我，我望了望爸爸，我们俩笑了起来。其实，我和爸爸心知肚明，爸爸肯定已等了很久。他担心我，却不想让我为他担心。爸爸的微笑中藏着满足，而我的傻笑里满是感动……

那一刻，我懂得了父爱：父爱虽无形却可以触摸，父爱虽无声却可以倾听！父爱像山更似水，它是渗透在我们生活中的一点一滴！

月牙花儿 心情角儿

刘慧婕

那个平凡却又难忘的夜晚，我读懂了爸爸的心……

我躺在柔软的床上，望着窗外，心中满是兴奋，一点儿也不想睡。天空似一块黑色的幕布，笼罩着大地，而我的心却像那稀疏的几颗星星，调皮地眨着眼睛，从后台偷偷地钻到幕布前，好奇地瞧着大地。月亮温柔地撒着如轻纱，似水银般的光。一切都是那么平和而安详。

多么美妙的夜晚啊！月光似乎有着淡淡的芳香，就如茉莉花一般。我不禁回想起今天下午的精彩……

在蓝天白云、绿树高楼的映衬下，两辆自行车追风而去。我就是自行车上的追风女孩！我轻松地骑着自行车，凉风拂面而过，发丝随风飘扬。轻巧的自行车一溜烟顺着笔直的道路跑得飞快……爸爸时而在我后头，时而加速超过我，和我玩竞速。我有时突然双腿使劲疯狂地踩踏板，超越爸爸；而他多半笑笑，并不加速，只在后面跟着，过一会儿再追上来跟我并排……

我正沉浸在回忆中，"吱呀"——门轻轻开了，我赶紧装出睡觉的样子。微不可闻的脚步声慢慢靠近……是爸爸，原来他的脚步可以这样轻，似乎脚下踩的是一大团棉花！爸爸拽了拽被角，把我的脚盖上，然后又几乎一声不响地出去了。

我刚松口气，听到卧室外隐约有什么声音。我竖起耳朵，听清了——"你怎么还没写完呢？都快十二点半了，快点儿！"那是妈妈的声音。伴着她的话，从门缝里传来的是敲击键盘的声音。对，爸爸正在飞快地打字。

"我今天下午不是陪女儿出去玩了吗？她喜欢骑赛车，我平时没时间，今天抽空陪她骑了两个小时的车子嘛。放心，我马上就写好了。""声音小点儿，女儿在睡觉……"后面爸爸说的我就没再听见了。

我望着夜空，久久难以入睡。爸爸在北京工作，不能经常在家。他平时那么忙，但是每次回家都会抽空陪我玩。而今天下午，他一直骑得不快，应该是……爸爸不想错过让我快乐的每一个机会，即使是很累……

天上的明月似乎更圆更亮。而那突然间变得无比悦耳的打字声，却久久萦绕于耳畔。那一声声触碰，似乎每一下都在抚摸我的心。

第一次挨打

曹婧雯

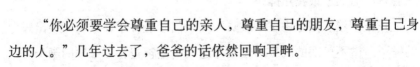

"你必须要学会尊重自己的亲人，尊重自己的朋友，尊重自己身边的人。"几年过去了，爸爸的话依然回响耳畔。

不记得那时候我是在上小学一年级还是二年级，只记得那时候做什么事都想一次做到最好。而且我脾气很倔，再加上做事急躁，所以那天早晨我在楼下因练习跳绳跳不好，心情烦躁不安，眉头一直紧紧地皱着，眼泪都流出来了。

爸爸知道我那脾气，正好早餐也做好了，他便亲自从五楼跑下来叫我回家吃早餐。为了让我开心一点儿，还笑嘻嘻地讨好我说："有你爱吃的奶油小馒头哦。"

我不睬他，压着火气跟在他后面上楼去。走到四楼的时候，爸爸忽然问我："昨晚你把牛角梳放哪儿了？我今早怎么找都找不到。"

听完这话，我火气更大了。昨天晚上我当着他的面把梳子搁在客厅镜子前的梳妆盒上，那可是我们家最显眼的地方，他今天居然找不到梳子在哪儿？还说"怎么找都找不到"？我气极了，一句不知从哪儿学来的话脱口而出："你眼睛瞎了啊？！"

话音刚落，爸爸猛地转过头来，瞪大了眼睛说："你再说一遍？！"

爸爸的语气中透着不可抵挡的寒气，但是我的火气并没有因恐惧消退几分。我那时还有点儿不服气，加之我从小无论闯了多大的祸爸爸都没有打过我，于是我真的把那句话重复了一遍："你眼睛瞎了？！"

突然，我注意到爸爸的脸在一秒之内变了颜色，如下雨前的天空，风驰电掣般滚过成团成团的乌云。因日夜操劳而形成的黑眼圈范围迅速扩大，像两大滴墨水在宣纸上晕开，登时晕满了整张脸……我这才吓傻了，情不自禁地往后退了一步。爸爸一言不发地转过头去，继续上楼。噔、噔、噔……似乎每一步都释放着不可知的威严，每一步都在预示着我的厄运。

我听到家里的门被爸爸打开了，听到爸爸换拖鞋了，听到爸爸走进客厅了……直到没有声音了，我才小心翼翼地上楼，怀着忐忑的心情踏进家门。

爸爸正坐在沙发上，依旧阴沉着脸；早餐端正地摆在餐桌上，一没有一丝热气。"过来。"爸爸说。

当快要哭出来的我走到他面前的时候，爸爸猛然不由分说地一把抓住我的左手，在我手心上狠狠地打了两下，我立刻"哇"地大哭了起来——从小到大，我第一次挨打，因为一句不礼貌的话！

爸爸不仅打我手心，还打我屁股。他的手很快，力气也很大。我哭号着从他手里挣脱出来，结果用力过猛，一下子滚在了地板上。泪眼蒙眬中，我瞥见爸爸正居高临下看着我，嘴唇哆嗦着，眼神中满是我不可理解的复杂。

我那时哪里知道，爸爸打我的时候，其实也在用同样的力度抽打着自己的心呢！

打过我之后，爸爸一边看着我抽泣着吃早餐，一边对我讲了很多很多话。这些话，在我的记忆中已模糊不清，只一句我记得最清楚，爸爸说做人必须要遵守的一句话——"你必须要学会尊重自己的亲人，尊重自己的朋友，尊重每一个人。"

052

从那以后，人们都说我变了，变得会努力克制自己的情绪，不再随意对人发脾气。因为每当我觉得怒火就要爆发时，我都会想起爸爸对我说这句话时，那通红的眼眶，和颤抖的声音……

这就是我第一次挨打，也是到目前为止我仅有的一次挨打。

爱的戒尺

李茹梦

父亲有一把戒尺，竹质的，又细又长，已经黄里发黑，满是岁月的痕迹。

记得有一次，我在平常的小测验中失误了，成绩很差。虽然明明知道老师会发信息给家长，却抱着一种"能躲一阵是一阵"的侥幸心理，硬是想把这件事隐瞒下来。

两天后我放学回到家时，老爸坐在客厅里，脸色铁青，额间青筋突起。见到我时，用低沉的声音问道："这周测验的试卷得了多少分？"我心一颤，难道老师已经把成绩发给家长了？我正犹豫着说还是不说，拿到试卷时的那种侥幸心理再次出现。

我紧握双拳，尽量处之泰然地放下书包，说："我怎么知道？试卷还没发呢！"

"再说一遍！"老爸大怒。看样子他已经知道了！我暗呼：惨了。老爸从客厅走进了我的房间，我一下子知道了他的用意，赶紧从书包里拿出试卷，揉成一团，准备扔掉。

果然如我所料，他从房间里拿出了戒尺。见我欲扔掉试卷，冲过来，抓住我的手就用戒尺重重地打在了我的掌心。

"啊！"我大叫一声，好疼！手上立刻起来红红的印记，试卷落在了地上。"啪！"又是重重的一下，这次是另一只手。我迅速地扫了一眼双手，左手红了，右手有道戒尺印儿，"啪、啪、啪……"戒尺在我手间划动，左手一下，右手一下。

疼得不行，我号啕大哭起来。过了一会儿，我的手便肿了。看着臃肿的手，我哭得更厉害了。晚饭我也没吃，就去睡觉了，因为这双手连筷子都拿不动了……

我躺在被窝里，静静地反思着：我不该为了逃避责任而去欺骗爸爸……眼角滑下了两道泪痕，不知不觉，我睡着了。

第二天早上我醒来时，闻到了一股淡淡的红花油味儿，手好似恢复了一点。这时妈妈进来了，一边帮我换衣服一边告诉我，当我哭着跑进房间的那一刻，爸爸就扔下戒尺瘫坐在沙发上捂着脸哭起来！吃完饭，爸爸就去楼下药店买了红花油，一直等到我睡着了，才过来帮我擦。

我的眼睛再次模糊了……

现在回想起那一幕，我的心海仍会有起伏：父爱如戒尺，重重敲击处，是你看不见的深沉的爱！

电视风波

黄雨晨

如今这个和平的年代，本应没有什么战争，每个家庭都和和美美地过日子。可谁知，有一场战争潜伏在我家就没停过！

快看，那边战争又开始了，让我带你到第一线去看看吧。

"你都看了一个小时了！该我看了吧！每天都像看门狗一样定时定地在这儿守着看这个节目，无聊不无聊啊？"妈妈的话像机关枪，向爸爸疯狂扫射过去。

"还说我呢！就你上次看的那个谁的演唱会，都耗了三个小时。再说了，我看体育节目是为了中国的体育事业！"爸爸也毫不示弱，端起"M14"就向妈妈射去。

这种为看电视而引起的风波已经发生在我家好几年了。爸爸是忠实的体育迷，妈妈是狂热的八卦粉丝，常常为了看电视这种小事吵得不可开交，每次战争双方都"伤亡惨重"。

都忘了告诉你，看我爸我妈"打仗"时千万不能出声，要不就惨咯——

"我说你们不就是看个电视嘛，至于吗？伤了和气！"我不屑地说了一句。糟了，两人阴着脸瞪着我，头上直冒火，异口同声地对我大吼道："大人的事，你小孩少管！回你房间看书去，还有心情在这儿看热闹！"顿时，天昏地暗……我逃也似的奔回房间，望着他俩苦笑了一下。呵呵，这时又成统一战线了！好了，也用不着管他们了，我捧起书本，独自复习。

外面的"叮叮当当"实在搅得我不得安宁，可没过多久，外面没了动静。我连忙放下书，向外面探了探脑袋。咦？奇怪，客厅里没人了，电视也关了。再回头一看，两人都坐在餐桌旁，生着闷气。我正准备说点什么，突然，两人就像准备救火一样，都朝书房电脑走去，爸爸见妈妈也向那儿走，赶忙加快了脚步；妈妈见爸爸也向那儿走，干脆小跑了起来。结果可想而知，两人不分上下，一人坐了一半的椅子，于是"战争"又转移到电脑前。唉，我哭笑不得。

关键时刻，还是我出场吧！

为了防止战情的进一步蔓延，我三步并作两步地冲上前去打圆场。"好了，好了，你们俩都别吵了！听我的，爸爸要看的电视节目是现场直播，等到重播再看太耗时间，所以老爸用电视。妈妈你要看的节目网上都有，而且品种还丰富，所以老妈你用电脑。"我上气不接下气地说了一通，老爸老妈的气明显消了许多。老妈翻了一个白眼，老爸"哼"了一声，都各自干各自的事去了，我暗自松了一口气。

好险，好险，我家的电视风波总算没把屋顶给掀了。

哈哈，看来有了我，世界就不会有战争啦！

电视风波，一波又一波；爸妈争吵，一折又一折。这次的风波算平息了，那下一次呢？

不管了，到时候再说吧！我哼着小曲去看书了。

车

陶羽然

古时候，人们为了出行方便，发明了牛车、马车。随着社会的不断发展，车的种类也逐渐多了起来，成了人们出行重要的代步工具。我的家中，也曾有一辆让我难以忘怀的车。

小时候，家中曾有一辆自行车。那辆车小巧轻便，是我爸从旧物市场淘回来的宝贝。车全身都是银白色的，上面有着我看不懂的车牌名。两个小车轮，小手刹，小车把，小坐垫——总之就是小。车的链条早已锈迹斑斑。为了让它看上去"气派"些，爸爸下狠心换了个链条。自此以后这车被他视若珍宝，这也是当时我们并不富裕的家中仅有的几样"奢侈品"之一。每天一早一晚，爸爸蹬着这辆车送我上学再接我放学。父亲蹬得格外用劲，小车轮像风火轮一样前行，承载着父子俩一路欢声笑语。

爸爸的公司在长江的另一边。每天一早他送完我就要去赶半小时一班的轮渡，再蹬到公司忙碌一天，下午再蹬回来接我。长大后我常常惊异于那辆小车的承载力，真是无比惊人。一天天的风吹雨打，一路路的扑面灰尘，所以爸爸一回家就拎着水管冲刷他的"宝马"。然后，给车胎打打气，给链条上上油，成了他每天必做的事。

但日子久了这辆车也会出事。那个灰蒙蒙的傍晚，我始终没有等到爸爸来接我，便自己顺着路边一路小心翼翼地从学校走回了家。

家中格外安静。听见我的开门声，妈妈从屋内走了出来，眼眶红肿，嗓音沙哑："你爸爸在下坡时刹车失灵，整个人翻倒在路边上了。"我吓得脸色苍白，进卧室看见爸爸身上裹着纱布，脸色惨白地昏睡，悲伤的情绪涌上心头。

第二天，我在楼下看见了那辆被爸爸宝贝的自行车。因摔倒而破败欲坠的车皮，被尖物戳通了的车的后轮胎，车身上的杠杆似乎也有些变形。它依旧小，更多了一份苍老，如同一个垂暮的老人，安静地待在那里，准备接受它最后的宿命。

爸爸的伤好后，家人劝说他换了辆电瓶车。而那辆旧自行车，被卖给了回收站，卖来的钱，又用来补贴家用……

现在，我们家经济状况好转，又买了汽车。但多年前的那辆小自行车，却从没有被我遗忘。

它是一辆车，但它的意义不仅仅是代步工具。它曾是我们家的一件宝物，它是我童年生活的一部分，是一辆承载了我们贫困但快乐的回忆之车。

那一天，爸爸落泪了

陈 晨

那是一个炎热的夏日，离开学还有十天，可是我们一家人却丝毫没有感觉炎热，因为那一天发生了一件不同寻常的事。

那天，爸爸忽然得到了爷爷去世的消息，立即带着我们回老家。一路上，爸爸的脸色严肃得可怕，双眼几乎一眨不眨地直盯着前方的公路。

这种阴沉的气氛持续了三个小时。进了院门，就看见爷爷静静地睡在铺了白布的床上，身上半盖着白色的被单。爸爸的眼神发直，"扑通"一声跪倒在地。过了好一会儿，他才注意到旁边两个已经泪流满面的姑姑。

等了大半个小时，亲人们都陆陆续续地到齐了，啜泣的声音越来越多。虽然爸爸表情一丝不变，但对于我来说，又怎会看不出他一直是在强忍悲伤呢？

这死一般的气氛又持续了几个小时。下午，家族的人才依依不舍地把爷爷送去火葬场。在爷爷的遗体被抬出门去时，我看到爸爸脸上悄然落下了两行泪水。

很快，爷爷就被火化了。

爸爸双手捧着那乌黑的木质骨灰盒，披麻戴孝，一步一晃地向坟墓走去。在墓穴前，爸爸颤抖着拿起了铁锹，却又"哐当"一声失手把铁锹掉在了地上。他忍不住蹲在墓穴前，头抵着骨灰盒落下泪来……

后来，还是堂伯他们帮着埋下了爷爷的骨灰盒，爸爸只有劲添了最后一锹土。

那一天，爸爸一整天没有说过一句话。那一天，是我所见过爸爸唯一一次流泪。虽然后来他几乎再未提起过爷爷的出殡，但爸爸那流泪的样子却深深地烙印在我的心底。

爱，有时并不需要用言语表达。

那对银镯

张一多

059

我家有一对纯银的手镯。

多少年，它们总是静静地躺在一个镂花的香木盒中，放在书橱的顶端。为防止我弄坏，还上了锁。

家中的几个姊妹都曾听奶奶念叨过，当年曾祖母生了我爷爷后，托人去几十里外的县城，给襁褓中的爷爷打了两对银镯子。此后便父传子，子传孙。直到我出世后，奶奶又亲自给我戴上。后来我长大了，戴不下那小小的镯子了，大人们商讨一番后，决定等我将来嫁人了，再将银镯传给我。

本来，按着只传子的说法是根本轮不着我的，因为我既非第一胎，又不是儿子。但命运老早便安排好了缘分。两岁的我初次与这两对银镯见了面，便再不愿松手，死死地抓住了不放，还试图把它们往流着涎水的嘴里放……

奶奶笑着说我与银镯有缘，便打算传一对给我。这在当时仍存着"重男轻女"观念的我们家，可是破天荒的头一回！

哥哥早已成年，又将成婚，自是传承了其中的一对。而另一对，在有着十几个孙子辈的家族中，竟是传给了我……

如今，奶奶常常用粗糙的手拉着我稚嫩的小手，慈祥地笑着，说："一多啊，快些长大吧！找个门当户对的好人家，早些嫁人吧！这样我就没了遗憾了……"

父亲总会怪奶奶在我这么小的时候就说这些事，奶奶却仍是笑眯眯的，眼弯成了月牙儿。

当时我不明世事，自是不懂；而现在，我却明白了。

奶奶老了。上了年纪的人总是会感到寂寞无助，会恐惧孤独终老，自然希望着子孙们的陪伴。但奶奶又不想"拖累"我们的工作学习，所以，总想着孩子长大再生孩子，让她能再见到更小的一辈。给我的那对银镯，便是期望我终身幸福的象征吧。

雕镂着龙凤呈祥的福瑞图纹，龙口含珠，寓意团圆和美；两个铃铛上一半镂空刻花，寓意花开富贵；另一半是常青的松柏，代表着长命百岁……如此古老又平凡的样式，承载了多少荏苒而逝的光阴？

奶奶，我会好好守护这对银镯，它们不仅寄予着你的期望，更象征着我们家族每一代人的幸福。

天冷了，多穿点儿

李武云

"天冷了，多穿点。"这句话我们应该都不陌生，可你是否记得这句话曾多少次从父母嘴中讲出，而我们又多少次用沉默或生气去回答。

耳边响起这句话时，我的记忆突然从这儿被勾向了那个初冬。

那天早上，妈妈一直跟我唠叨："天冷了，多穿点儿，别再只穿一个单薄秋衣，该换上小棉袄了。"我心想：才这个天就穿棉袄，别人还说我脑子不好呢！

妈妈重复跟我说了许多遍我都没反应，恼火了，把我给从头到脚训了一遍。我气得连早饭也没吃，没有回答她什么，也没做什么就背上书包上学去了。

天公似乎在跟我作对，刚到学校就开始下起雨。当那一滴滴雨点伴着风向我吹来时，我不自觉地打了一个寒战。

到了教室，更受打击——同学们都穿上了棉袄，唯独我还穿着秋衣。

第一节课过得可真慢啊！本身的寒冷再加上饥饿，我真的快支持不住了。第一节课的下课铃终于响了，我趴在桌上，望着窗外的雨，突发奇想要是有件棉袄和一顿早餐正摆在我桌上就好了。回过头望着桌上，依旧是那堆书本和被我弄得破烂似的笔袋。

第二节上课铃响起，我突然看见一个熟悉的身影正站在我们教室的走廊。咦，那不是我妈妈吗？不管三七二十一，我像一只饿狼看见猎物一样冲向了教室门口。

那个身影果然是妈妈，只是脸上都是焦急不安。看着妈妈焦急的模样，我忽然感觉眼睛里有一股暖流要涌动出来。当看着妈妈从背包里拿出一点都没沾到雨的衣服和还冒着热气的豆浆、饭团，我再也忍不住了，"哇——"一下投进妈妈怀里哭了起来。

妈妈抚摸着我的头说："天冷了就得多穿点，别因为倔强感冒了……"

现在，当耳边再次响起这句话，我一瞬间觉得世界上只剩下妈妈和我两个人。如果时光可以退回，我绝对愿意再乖一点。

"天冷了，多穿点。"这句平淡而亲切的话你曾忽略过它，讨厌过它吗？

我相信在这一句时常被忽略的温馨话语中，一定有着一个使人潸然泪下的故事。

小溪流的歌

金行昊

如果我是溪流，我不会忘记起始的源头；如果我是柳枝，我会永记给我养料的深根。我，身为人类的一员，我将呵护我的母亲，将她

给予我的爱铭记一生。

"母亲"，是一个看似平凡却奉献最多的工作，她们的肩上都挑着呵护孩子的重担。我的妈妈也不例外。

最让我铭记的还是妈妈的那句："天冷了，多穿点儿。"

那年冬天，南京遭遇了百年不遇的特大暴雪。一说到下雪，高兴的自然是我们这些孩子们。待雪一停，我就约了几个小伙伴冲出门去。

妈妈看我只穿了一件冲锋衣，便急忙喊道："等一下，再多穿点衣裳。"我却玩心急切，只"哦"了一声就撒开丫子跑了。

"哎，儿子……"我一边下楼边回头望了一眼，却没看到妈妈的身影。我不禁放慢了脚步，心想着：要不要回去呢？正当我内心纠结时，忽听见小伙伴在楼下呼唤："喂，来不来啊？""好，来了。"我急忙应到，刚才认错的想法也灰飞烟灭。

痛痛快快地玩了一下午的雪后，不出妈妈意料，晚上我果然高烧不降。妈妈恨铁不成钢，责备我不该淘气、贪玩。

本来生病心情就不好，给妈妈再一批评，我的心情便暴躁起来，顶了一句："我就玩儿，就气你。"

妈妈被我气得脸发紫，半天说不出一句话来。我看到妈妈的样子，心里有点后悔，嘴上却不肯认错，还故意骄傲地扬了扬头……

过了几天，我生病好了。那天早晨我正要上学时，却又听到了那句熟悉的话："天冷了，多穿点儿。"

我一愣，回头正好与妈妈的目光相对。我眼前突然闪现出我发烧时妈妈奔波的情形以及我顶撞妈妈的场景，突然就有一种莫名的情感涌上心头。我尴尬又愧疚地站着，妈妈好像也从我的眼睛里看出了我的慌乱："算了，知道错就行了，快去上学吧。"

母亲，一个神圣的职务；母爱，一种无私的情感——母亲给予我太多，我希望在母亲老去后，在天冷之时，我也能这样问候一声我的

牛奶的温度

张伟达

"天冷了，多穿点儿。"妈妈拍着我的小脑瓜笑着说："天气预报说明天要降温"。

寒风呼呼地吹，几次冷空气南下后，我逐渐感受到冬天的气息，冬天真的到了。

妈妈已经不止一次让我"多穿点儿"，可是我每次只把自己"埋"在作业里默默地不作声，或是浅浅地带着一点应付口气地"嗯"一声。

有时我甚至还会带点赌气的味道回答妈妈那句温暖的话："我没事，小伙子哪用穿那么多？再说我还要锻炼自己的耐寒能力呢！"每当这时，妈妈也只好不再多说。

前两天气温骤降，我还没有反应过来，虽然多穿了点，却还是被冻了一整天。尤其在上下学路上对着严寒，我才能猛然体会到妈妈说的"天冷了，多穿点儿"那句话的温暖。

晚上回到家，一直在流鼻涕。第二天早上刚睁开睡眼，就发现床头柜上放着一件厚厚的毛衣，这肯定是妈妈早上起来发现我摔在地上的一堆擦鼻涕的纸巾，所以特意给我加的一件衣服。顿时，我感觉到了一股暖流涌进心房。

心灵深处的感恩之苗不断生长，我心中干燥的土地被缓缓地滋润，心的季节又从寒冷的冬季转到温暖的春季，鸟语花香。

我感受到妈妈那一声"天冷了，多穿点儿"的温暖，即使这句平常得不能再平常的话开始时并不被我所注意。我不由自主地想起那句"谁言寸草心，报得三春晖"。

晚上，妈妈又来到我的房间，端着一杯牛奶，似乎想对我说："别太晚，早点儿睡。"还没等她开口，我就抢先说："天冷了，多穿点儿吧，妈妈。"妈妈顿了一下，没再说什么，但我分明看到她的眼眶红了。我又接着说："不早了，妈妈，你早点儿睡。"

"天冷了，多穿点儿。"一句平凡但又充满了温暖的话，让我们感动。每当天气寒冷的时候，别忘了对身边的人说一句："天冷了，多穿点儿。"

065

童年的尾巴

杨赵培

成长是一首美妙的歌曲，可是在这首美妙的歌中，有时也不免会有一些的杂音。

我今年十一岁了，这是我们美妙童年的收尾曲。我的身高在变化，而我小小的心灵也发生了变化——令我害怕的变化。

开学两个星期了，不知不觉时间过得很快，而我不知道为什么，脾气变得越来越烦躁。

每天早上，妈妈总会帮我把车子推出，书包放好，然后絮絮地一遍遍问着还有什么没有带，今天学校会有什么安排……一天天一遍遍的问话，让我烦躁不堪。赌气走到离她好几米的地方，远远站着，可她的絮絮叨叨依然准确无误地落入我的耳朵。我当作什么都听不到，漠然地看着她弓着身子不停忙碌。

骑出小区，把"噪音"远远甩在耳后，早晨的风夹着初开的桂花香味拂来，裸露着的脖子凉飕飕的。我不得不停住自行车，紧了紧刚才随便搭在身上的外套，顿时觉得身上暖和了许多。

一偏头，看到同校的一个同学只穿着短袖缩着脖子从我的身旁"嗖"的一下蹿过，我的嘴角不由得地轻轻上扬——幸亏，我带了外套。嘴角的笑容还未消逝，我的脑中突然冒出刚才临出门前和妈妈的"拉锯战"。

"今天冷，外套还是要穿上！"妈妈用不容置疑的口气，俨然女王。

"不！"说再多的话也只是枉然，不如这样简洁明了。

"你这孩子怎么不听话了，我说穿上就得穿上，回头着凉感冒就知道了。"

"哪有你这样咒自己孩子的，我的身体好得很！"

昨天就把外套带上了，结果一天都塞在桌肚里，害得我拿书都拿不出来，老是比别人慢一拍。想到这儿我就气。

"今天确实冷啊。"妈妈又开始了"苦口婆心"，"早晚比白天凉，你到校后再脱下来嘛。"妈妈有着女王的神情却没有女王的权威，三两句说完看我不动，就开始动手往我身上套衣服。

"烦啊！"一甩头，抢过妈妈的"杰作"扔进车篓夺门而出。

……我是怎么了，到底怎么了？

每每和妈妈说上几句话，我的眉毛就会纠结在一起，那是我在坚持。可是终究忍不住的时候越来越多，大吼大叫，一吐为快。而妈妈呢，她则一脸痛苦，隐忍不发，惴惴地看着我。那时，我是否也有一丝心痛呢？

来到学校，眼前还是时时浮现出妈妈惴惴的神情。不知道同学们是否与我有同样的遭遇呢？慢慢地，我努力让心情平静下来。在回家的路上一语不发，默默地感受着自然的变化。

我尝试商量着和妈妈说话，降低声量，打开心扉。因为我爱我的妈妈，我不忍心她的脸上再现忧愁。

一个月过去了，我又恢复了以前的沉稳和自信。妈妈的脸上也阴转晴，哪怕大声的嘱咐也是常伴着笑声。我明白也应该像妈妈用爱保护我一样，用真诚的爱去保护父母的心。

"天冷了，多穿点儿。"高亢的声音又一次响起，我觉得很动听。

月牙花儿　心情角儿

我要开花给你看

　　我不畏惧寒风，不抵触冰雪，相反我会感谢它们，感谢它们让我变得坚强。我不是牡丹那种富贵，沉甸甸让人不禁为它领首低眉；我不如玫瑰那般妖艳，盈盈欲滴让人心醉；我也不似菊花那般如君子傲物，让陶渊明为它叹服。我是一枝梅花，一枝在寒风中颤抖，被大雪压枝的梅花。有人会觉得我坚强，觉得我不畏一切；有的人认为我傻，在寒冷季节孤芳自赏。可我不在乎别人如何评价，我只要开花给你看。

天 冷 了

金 煜

握着月票，等着车。

黑暗蚕食着天空，代表光明的太阳已暂时沦落，不知逃向何处。

每当天上已无光，路上的人儿已归家之时，我被书包压着，迈着酸痛的腿，一步一步，气喘吁吁地爬上楼梯，自己娴熟地掏出钥匙——"啪"！门开了。

黑乎乎的，静悄悄的……

打开灯，一切变得熟悉——这是我的家。"真暖和呵！"用冰冷的手去捂自己冰冷的脸，感觉到了一丝暖气，嗯，原来是家的暖。

书包也贪婪地倒在没人坐的沙发上，怡然自得。"叮"，饭菜热好了。忙了一天，终于能歇一会儿了。我拿起筷子，正准备开动，电话响了，是母亲。

"妈，我到家了，马上吃饭了。"

"你到家怎么不打电话给我？"母亲的话带着微愠。

"唉，我没事。你有事吗，我马上吃饭了。"

"你……"母亲突然停住了，"乖乖的啊！"

"嘟……嘟……嘟……"

声音流进了我的耳朵，又流进了我的心，我突然发现家里也很冷。母亲父亲只能打电话问候我，而当他们归来时，我已入梦。我不能像别的孩子一样，哪怕只是希望他们能在我回到家时，在厨房等着我。

没办法，父母只是怕微薄的工资撑不起家，给不了我要的。

母亲因为我说剩饭时常串了味儿，从信封里拿出一沓红票子，换了个冰箱。后来，我曾小心翼翼地翻开信封，里面只剩两张十元……父亲也因我的担心，剪短了头发，使他看上去胖一点儿。

鼻头抽动了一下，我并没有让泪落下。

学习与生活的压力是我们无法躲避的，我们必须承担，我们必须面对。也许你们每件事都有父母呵护，而我……只能独自承受。

是的，我们家没钱，不富裕；我们家没权，没"关系"，我的学费是我们一家人从牙缝，从鞋底里抠出来的。我不能不争气啊！虽然压力是那么大，虽然父母不那么理解，虽然我不那么快乐……

"滴滴……滴滴……"是信息，母亲发来的。

"儿子，过几天要期末考试了，加油！爸爸妈妈相信你，祝你考个好成绩！"

我凝视着，泪还是落下了。天，好像也不是那么冷。

感恩节，我想起母爱

孙仲岐

当阳光普照时，我想起母爱；当春风吹过时，我想起母爱；当感恩节来临时，我更想起母爱。

感恩节是感恩的节日，我最想感谢的就是我的妈妈。

在朦胧的晨光中，妈妈已经起床为我准备早餐；当我和爸爸已经上床休息时，她还在为我们收拾着换下的衣物；当月亮从黑色的苍穹向下俯瞰，当见我已经睡熟时，她才能安然入睡。她每天起早贪黑，像一只忙碌的蜜蜂，为我们这个家操劳着。

我的感恩还源于我的一段艰苦的求医经历。

当我刚会走路不久，湿疹便不请自来，悄悄地潜伏在我的身上。我开始感到痛苦时，它已经成为恶魔，让我不再拥有其他孩子一样的皮肤。我不得不住院治疗了好久，出院后又有很多注意事项使我不能像正常孩子一样出门玩耍；还得每天吃药、搽药……

是妈妈一直陪伴着我，用伟大的爱感染了我，让我找回了自信。

从幼儿园到在小学三年级，我的病一直如影随形般地跟着我。我痒，妈妈轻轻抚摸为我减轻痛苦；我孤独，妈妈为我讲故事，陪我画画……虽然我一直在痛苦中挣扎，但我并不忧愁，因为我有妈妈，她给了我信心、希望与温暖，而更多的是爱。

经过她的不断努力，我终于摆脱了病魔的纠缠，迎来了舒适平静的生活。至今，闭上眼睛，脑中就会浮现出妈妈得知我痊愈时含泪的眼睛！

如今，她的双眼已不再熠熠闪光，她的皮肤已日渐粗糙，她的步履已不复矫健轻盈——是因为她把青春和活力都给了我！难忘似海深的亲情！

如今，妈妈爱我，不想让我吃苦；妈妈爱我，又不想让我落后于别人。虽有着矛盾的心理，但她一直用笑脸面对我的每一次失败；气愤总在她脸上昙花一现，失望从没有出现在她眼中。我为我有这样一个母亲而骄傲，她使我不在重压下畏惧、退缩。

母爱如春风，轻轻抚摸我的脸颊；母爱如阳光，照亮我心灵每一个角落。

在感恩节到来之际，我要用爱回报我的母亲——妈妈，我会永远爱你！

面 膜 记

陈雨歌

最近，老妈迷恋上了为我做"面膜"，唉！

这"面膜液"里加有蛋清以及珍珠粉，老妈刚一开始调制，我就闻到了那刺鼻的蛋腥味儿，一股浓烈的恐惧遍布我的全身……

蛋腥味那么难闻，更要命的是，要把这些黏黏稠稠、灰不溜秋的玩意儿涂在我的脸上十分钟！

我不禁打了个寒战，老妈可是第一次做啊，难道真是把我这一巴掌见方的小脸义无反顾地当作她的试验田？尽管在老妈看来是很简单的事；但在我看来，这架势可谓规模宏大！

"这都是为你好，你看你脸上的痘痘，我都不好说你了！这可是最原生态的祛痘！"

是啊，是挺原生态，可这也未免太恐怖了吧，我是男生哎！我满脸的痘痘啊，都怪你们这些罪魁祸首。

不一会儿，老妈就做好了她的独门"面膜液"，笑眯眯地走过来。老妈的态度是极其认真，我实在不忍打击她的"试验"热情。

"老妈，我这还有一大摊作业呢，能不能等会儿做啊？"

"没事，等涂完了就写，就几分钟。"老妈气定神闲语气坚定。说着，便将盛满"面膜液"的小碗郑重其事地放在我桌上。

OMG，这味道可真难闻！只见老妈慢条斯理地拿着木勺，轻柔地搅拌了两下碗里的原生态面膜液，便开始往我脸上一点点地涂了。我也只好就范，乖乖地闭上眼睛忍受。凉冰冰的面膜液感觉还挺舒服，可是它们会不停往下淌，痒痒的，恨不得一把抹掉。涂到一半我实在受不了那恶心的气味，直皱眉头。可——"别乱动，再动等会儿还得来一次！"姜还是老的辣，我只好忍无可忍继续再忍……

老妈一边涂着，一边还跟我嘀咕着古有司马迁，今有什么什么云云，叫我坚持忍耐。唉，这十分钟我真是度秒如年啊！

终于，我感觉我的脸皮绷得越来越紧，一定是面膜液就要干了！

我瞄着挂钟一秒一秒地数着时间，差不多是第九分钟第五十九秒那一刹那，我以迅雷不及掩耳之势冲向卫生间，立即洗净了脸上束缚我的一层干巴巴的面膜。我敢保证，我冲向卫生间的速度，绝对可以和刘翔PK。

洗完脸，唯一的感觉就是一个字：爽！仿佛重获新生。

"雨歌，来来来……"身后传来老妈急促的声音，"刚刚面膜里好像珍珠粉的量没加对，咱们重做下！"

我……当场晕倒……

唉，这也算是青春交响乐中的一段小小的乐章吧。

包　书

陆昕慈

开学了，代表我们家又要进行一项"传统"活动——包书。

包书这事吧，说简单也不简单，好比给书裁一件衣裳，一定要合身。

从我幼儿园起，每年开学，妈妈都得从办公室背几大卷日历回来，那个时候透明的包书皮还未普及，咱家都是拿光滑的日历纸，把背面雪白的那一面露在外头，这样包出来的书整洁又不易磨损。爸爸妈妈一个裁一个包，爸爸把书放在日历纸的正中，用裁纸刀和尺子轻轻一划，再把四个角各切去一个小三角，就递给妈妈，妈妈把多出的部分折进去，用胶带封好，一本书就包好了。最后，再请爷爷用漂亮的柳体字在封面上写上书名和我的姓名。

起先，他俩的手艺都很差，书包出来有时皱皱的，气泡还在里面，得用针在不起眼的地方扎几个洞，把气压出来。后来，他们越发熟练起来，可见长期的训练确有好处。小时候陪我做幼儿园布置的手工作业，爸妈的手艺向来惨不忍睹，唯包书这个行当干得是行云流水。他们配合得十分默契。现在，我长大了可以操刀了，竟也插不进手。

大概到了我三年级时，书店里卖的透明书皮畅销了起来，月历

075

我要开花给你看

纸也光荣下岗了。透明书皮包起来更薄，更粘，还能看见封面上的图画。但是透明书皮包的书容易掉出来，妈妈就用手细细地把皮面按在书面上，再用尺子挤出气泡，最后在里页贴上透明胶带。这样包出来的书不仅耐用还漂亮。

上了六年级，书越发多了。每到开学，家里都是"嚓嚓"的剪刀声，安静得连空气都黏稠起来。这学期发了十几本书，有几本不常用的，我告诉他们不用包了。但爸爸似是情不自禁一般，也把那几本包好了。

我坐在一旁呆望，爸爸度量着长度，轻轻把尺子放在纸上，用刀一划，整齐干净。妈妈小心地翻卷着，用尺子把气泡赶出来，这场景是如此熟悉啊！只不过包书纸变了，爸妈也老了。

我好像忽然明白了爸爸为什么要多包几本。也许以后就再也不会有这样的机会了，因此这一刻是多么珍贵啊！

书包一次，我长大一点儿，包着包着，我从幼儿园走入了小学，又即将走入中学。这一本本书里，包进了父母的殷切希望，包进了父母浓浓的爱啊！

美　味

张　瑞

再也没有吃到过那样美味的酱。

我最喜欢吃的就是太婆熬的酱，和稀饭吃，拌干面吃，当菜吃……都让我回味无穷。

太婆熬酱很简单。准备两斤黄豆，一斤瘦肉，半斤小虾米，再买一包辣椒酱。先把黄豆泡一晚上，等到第二天熬酱就正式开始了。把小虾米下锅炒熟，把黄豆煮熟，再把瘦肉切丁煸炒。于是三样同时下锅，倒辣椒酱，再添上满满一大锅水，熬上大半天，酱就做好了。

酱呈深棕色，夹些放嘴里，一下子就能全部化开，香浓的辣味很快在嘴里弥漫开来。轻轻咀嚼——肉的糯，虾米的脆和黄豆的淳，交织在一起，凝聚、升华。慢慢地把酱咽下，可以清晰地感觉到一股辛辣，一股热流，顺着食管延伸向下，于是胃里就似乎有轻轻的"砰"的一声，热力弥漫四肢百骸，神酥骨散。而嘴里呢，还充满着黄豆酱的香味，搭配着稀饭或面条吃，真的不再是"一加一等于二"那么简单！

可是就在今年的一天……

太婆去世了，享年九十岁。老人家在最后几天还为我熬了一次酱，然后就卧床不起了。三天后的下午，她安静地离去，没有一丝痛苦，就像睡着了一样。

酱在太婆去世后几天内就吃完了。等我舀完最后一勺吃下去，我才意识到太婆留在这世上最多的爱，一滴也没剩下。

后来这黄豆酱妈妈为我做过，外婆为我也做过，可每次不是太辣，就是豆腥味太重。虽然味道相近，但和太婆做的还是有差别，无论如何也调配不出太婆做的那种味道。

我知道，那是太婆一辈子手艺的精华；也是因为从小到大，她已在我肠胃里种下了爱的密码——只有她知道。

我再也没有吃到过那样美味的黄豆酱。

炸里脊的回忆

刘远乐

又到放学之时，我推车走出校门，习惯性地向校门外那棵巨大的榕树望了一眼。当然，我知道，枝繁叶茂的大榕树下，没有那道身影。

"吱——"家门应声而开，眼前一片昏暗；除了鱼缸中哗哗的流水声外，什么也听不见。我脱下鞋，顺势把门带上。摸摸饥饿的肚子，我一如既往地去柜中摸出一袋饼干，就弓着身子坐到书桌前，打开作业本。

多么怀念婆婆每天来接我的那段日子啊——

"婆婆！"我迈着小胖腿奔出校园。榕树底下，婆婆正手扶着一辆"改装"过的自行车与别人聊天呢。一见到我来，婆婆总是立刻中断聊天，迎上前来把我扶进"改装"了的儿童座椅上。"坐稳了！回家咯！"婆婆眯着笑眼，慢悠悠地踩着踏板，将我带回了她家。

"饿了没？"婆婆一边骑车，一边问。我摸摸瘪瘪的肚子，诚实地"嗯"了一声。

"早就给你准备好啦！"一进门，婆婆便笑眯眯地说，"看看，这是什么？"她端过来一个碟子，上面放着两块炸得金黄的里脊肉，浇着红亮的酱汁，散发出的香甜气息中还混杂着一丝丝的酸意，真是让我胃口大开。

"先洗手，乐乐乖……"我迫不及待地洗了手，接过婆婆递给我的筷子，夹起一大块塞入口中。新鲜出炉的里脊是温热的，是婆婆来接我之前刚做好的。

我慢慢品味着它的千万种滋味：嗯，外酥里嫩，先是酱汁的酸甜，又是肉汁的咸鲜，通过味蕾直入我心脾——这滋味我一生都不会忘记。

很快，一盘炸里脊就吃得渣都不剩了。我满足地轻轻打个饱嗝，搂着婆婆的脖子："真好吃！"

"哈哈，乐乐是婆婆养的小馋猫！"幸福的笑声在屋子里回荡……

……我吃完饼干，环顾这新装修的房子。搬家之后，我与婆婆家离得远了；功课紧了，婆婆年纪大了，也不再方便来接我。五年级了，因为要上补习班，我与婆婆见面的机会越来越少。

其实，妈妈也曾给我做过炸里脊，但不知为什么，我却总觉得那味道里，少了些什么。

婆婆，你知道吗，我很想念你！想念和你一起从大榕树下回家的那段归途，想念那一盘温馨美味的炸里脊，想念你给予我的那份美好亲情……

家有腊肉香

李卓远

数九隆冬，在街道上弥漫着呛人的鞭炮硝烟味时，我温暖的家中却飘着一股诱人的腊肉香。

爷爷奶奶是土生土长的湖南人，腌制腊肉是他们的拿手绝活。记忆中，围在他们身边欣赏制作腊肉的过程是冬天里不可或缺的快乐。

在年前的一个月，家里就响起了"咚咚咚"的欢快节奏。我便兴冲冲地闻声而去，那是爷爷在剁骨头。爷爷有节奏地扬起手中磨利的小斧头，手起斧落，麻利地将肉从骨头上一块块剁下。几乎整个上午，他都是弓着背做这种机械的劳动，专注得连眼睛都不眨一下。脸上是卖力的表情，那坚定的神色，利落有力的动作毫不逊色于他当年当兵的风采。若是骨头缝中有没有剁下的肉，我便会不依不饶地拉着他的衣角嚷嚷："这还有呢，还有呢！"爷爷便笑道："乖孙儿，真仔细！"

从这天起，我的心里就无时无刻不惦记着腊肉了。时不时地翻开腌腊肉的坛子，看着肉浸在盐水中，周围布满了八角花椒等香料，心里美滋滋的，嘴里回味着腊肉咸中带香，麻中带辣的味道。唉，口水都要流出来了……

奶奶常守在坛边，不让我过多翻看，她总说："开太多次，那里面的香气就会跑出来了，肉就不好吃了。"我辩不过她，怕吃不到好吃的腊肉，只好扫兴地走开。

最难熬的要数晒腊肉的那十五天了，爷爷每天一大早就将腊肉用竿子晒到阳台外面，又在夕阳的余晖中把它们收回来。风吹日晒，再加上冬天特有的干冷，肉很快就风干了，家中便开始有了些许腊肉的香气。爷爷时时刻刻照看着腊肉，每隔几小时就挪一下位置，好让它们一直在阳光下。天不好的时候，他甚至放弃午休，总要在下雨雪前将腊肉"抢救"回来。

在一个月的漫长等待后，腊肉终于腌好了。除夕一大早，奶奶会将腊肉蒸上，香气开始弥漫了。一个小时左右，奶奶揭开锅盖，香味随着热气旋转而上，迅速地在家里漫延。在睡梦中的我闻到了香味，会迫不及待地从被窝里爬从来，毫不顾及这是严冬。对那暖和的被窝没有丝毫的留恋。我冲进厨房嚷道："奶奶，我要吃腊肉，快给我吃嘛！"奶奶切下一快热乎乎的腊肉，笑着说："啊——张嘴，小心烫！"

吃着那筋道的腊肉，咸中带甜，滑而不腻，颇有此生足矣的感觉。

香在口中，漫延到心中。

家有腊肉香，那是年的味道，是家的味道，是幸福的味道。

做寿司让我快乐

张依然

学校推出的二十五门"快乐周三"的活动课真是令人眼花缭乱。作为一个小"吃货"，我选择的是"美食与文化"。

在这个课上，我们尝试了自己做寿司，回忆起来真是让我快乐。

第一节课还未开始，教室里就沸腾了，大家纷纷拿出自己的食材炫耀。上课铃一响，教室里立刻安静下来。

老师给我们看了一段寿司制作方法的视频，接着领着我们来到食堂。大家迫不及待地把食材拿了出来，脸上洋溢着激动的笑容。

老师和食堂的师傅一起，先检查了我们的食材，确定了哪些可用，哪些不太好。接着又带大家认真地洗了手，穿上围裙。同学们看着彼此的样子，哈哈大笑。食堂的师傅又不放心地问了几个同学寿司的制作方法。大家纷纷插嘴，完全没有平时上课的拘谨，食堂里满是我们开心的说笑声。

终于可以动手了！

我先把糯米饭拌上寿司醋，再抽出一张海苔叶。这时，站在我旁边的一个同学竟然拿起一张海苔"吧唧吧唧"地嚼了起来。看着他那苦涩的表情，大家都忍俊不禁。我将海苔叶平铺在寿司帘上，再将糯米饭平铺在海苔叶上，压一压，使之更紧，口感更佳。需要特别注意的一点就是寿司帘两边要留出两厘米的距离，不铺米饭。

接下来就是放中间的食材了。这一步说难也难，说简单也简单。中间的食材相当于一朵花的蕊，极为重要，要看怎么搭配美观，还要看怎么搭配更有营养、更好吃。我先将黄瓜丝和苹果丝均匀地铺在饭中间，然后撒上肉松，接着挤上了沙拉酱和烤鸭肉末。靠近闻一闻，哇，很香！

我小心翼翼地握住寿司帘，从一头开始卷，然后一挤、一压，OK！轻轻取下寿司帘，食堂的师傅帮我们纵向一块一块地切断，我拿着盘子，细心地将做好的寿司摆盘。看着排好的寿司，那漂亮的造型，鲜艳的色彩……心里激动不已！

"让开，让开！"老师帮我们用相机照下了各自的杰作。刚拍完，我们就像一群饿狼，纷纷以迅雷不及掩耳之势，抓起一个塞到嘴里：

哇！沙拉酱和烤鸭肉末营造出浓郁香醇的口感，肉松则是脆脆的感觉，夹着黄瓜和苹果沁出的淡淡清香，这种感觉……真想让你也尝一口，相信你也会说好！

083

很感谢学校为我们开设的活动课，它给我们提供了锻炼自己的机会和展示自己的平台，给我们带来了快乐！

我心中的海棠花

闫梓越

雨后的莫愁湖公园，一派朦胧。偶然踏进一个园子，我眼前突然一亮。雨中的朦胧感骤然消失，原来我是不小心走进了海棠花海里。

"虽艳无俗姿，太皇真富贵。"正如陆游所云，海棠美艳高雅，真不负"国艳"的美称。海棠那本就薄如纱的花瓣晶莹剔透，让人不敢碰一下，真怕弄碎了这天然的艺术品。现在正值春天，海棠已经开得很盛，花姿潇洒，花开似锦。怪不得连一代大文豪苏东坡也为之倾倒："只恐夜深花睡去，故烧高烛照红妆"。

海棠开得大气潇洒，却没有牡丹那样的傲气。它的花型很独特，拖着长长的花柄，一簇簇的。虽说是单瓣花，每个花瓣却很有质感，在光的折射下又有点半透明。花蕊舒展，顶着淡黄的花粉。一簇海棠有六七朵，每一簇颜色都略有不同，每一朵形态都各不一样。浸身花海，让人身心舒展。

走在花海中，突然想起小时候听过的一个传说：海棠花本来是生长在天宫的花，不但多姿多彩还有浓浓的香气。天上的众仙都很喜爱。一天，看花的仙子把花送给了别人，被王母娘娘发现了，大发雷霆，把花和仙子都贬到了人间，还不许海棠花再有任何香气。

我凑近仔细闻闻，的确，海棠没有香气。张爱玲女士曾经提到人生的三件憾事：一恨鲥鱼多刺，二恨海棠无香，三恨红楼梦未完。但我倒觉得这正符合海棠的性格——娇艳却低调，它并不是用媚人的香气来吸引人的。

优雅的海棠花，盛开在莫愁湖公园这个蕴含古都味道的地方，正像低调的南京人，底蕴深厚却不庸俗骄傲。

我心中的海棠，就是最有南京味道的的花。美丽但不庸俗，高雅却不骄傲。

校园的白玉兰

陆昕慈

085

每到初春，校园的白玉兰便如约盛开，形成了一道宁静而典雅的风景。

白玉兰花开得幽静而美好。那么洁白的花朵，优雅地绽放着，抹过一笔或浓或淡，忽远忽近的清香，缭绕四周。每朵花好像都能渲染一份心事，一份雅致而又寂静的心事。它是那么荣辱不惊，看着它，总让人归于宁静。

千枝万蕊的花朵远远看去，好像一朵朵白云，又像一群白鸽停在枝头，热热闹闹的，却也是安安静静的。细细端详，它不似牡丹国色天香，也不如玫瑰热烈奔放，它带给我们的，只是端庄典雅。每每欣赏着白玉兰，我总会想到依柳而立，身着旗袍的江南女子，袅袅婷婷，落落大方。

白玉兰的绽放是那么的悄无声息，几天前还是个毛茸茸、小巧的花骨朵儿缀在枝头。可没几天，就像说好了似的，竟一下绽开了笑颜！

它的瓣儿一开始还只是舒展了几片，羞答答的，有一种"犹抱琵琶半遮面"的美。可只要春风正暖，第二天，所有的花瓣就都完全舒展开来，像是一位盛装的少女了。

不出几天，一树的花儿就如同她来时那样，静悄悄地谢了。

我心中没来由的空寂，拾起一片凋落的花瓣。花瓣的边缘全都像生了锈一样，但那馨香却还隐隐散放。哦，玉兰，不论你是开或败，你都是校园美丽的风景！

校园里的白玉兰，我期待你明年的华美绽放；也期待明年的我，能为你呈上一份青春的完美答卷。

086

桂

许宁馨

空气中，无法名状的甜香向我袭来，那样甜美，那样热烈。我融化在了这醉人的甜香里。

时值秋季。天凉了，水冷了，花朵枯了，雁南飞了。秋风一拂，还不曾给大树带来一丝抖动，却见有枯黄的叶子蝶儿般从树冠中三五成群地飘落，给大地铺上金毯。蝉不鸣了，取而代之的是深秋的蛐蛐，使幽静的草丛多了一丝凄凉。唯有天空像洗过一样，干净透亮，散出碧蓝的光芒，把人们的眼睛也洗得干净明亮。

秋日的花园中，一片片洗得明亮的花草叶，正迎着太阳微笑。

远远地便能瞧见桂树，在一片片墨绿色叶子下，银色、金色甚至橙红色的小脑袋探出头眺望着，迎着风跳跃着，对人们招呼着。像阳光下的碎金，像炸开的礼花，桂树因为有了她们，在这孤寂的秋天中也活泼起来。大自然是神奇的，在这个万物凋零的季节里，却赋予我们别样的生机。美丽的桂花树引得人纷纷驻足观望。

还来不及细细欣赏花朵的倩影，刚走近就被浓浓的花香陶醉了。这是为了绽放而积淀了一年最终迸发的香味，一种能让人完完全全沉醉于其中的香味，一种让人突然思念起童年，思念起家乡的香味。而这些香味，居然来自一朵朵如此娇小的花儿。

桂花的四片花瓣如同四个亲密的姐妹紧紧相拥，而花朵们又三五成群地结伴一起，或在枝头眺望，或深深投入树叶的怀抱中。星星点点的银色、金色、橙红色，是生命怒放的颜色；而它的清香，则是像生命一样温馨宁静的香味。它随着风儿飘向远方，飘散到天地的每一个角落。

我轻轻摘下这树叶间的一枝，托在掌心，沁人的甜香从鼻间弥漫到心头。回到家，我小心翼翼地将它洗净，放在坛中，加上白糖和水，静静地享受这大自然馈赠的怒放。

我要开花给你看

成果

如果可以选择，我愿不做人，只做一朵花。我不做玫瑰，不做牡丹，只愿做那一枝傲立在寒风中的梅。

《红楼梦》中写道："万紫千红，终以梅花为魁"。我愿做一枝与世无争的梅花，不在春天与桃李斗艳，不在夏天与莲花争宠，不在秋天与金桂比香；只在冬天，在万物沉睡之时，开花给你看。

我不畏惧寒风，不抵触冰雪，相反我会感谢它们，感谢它们让我变得坚强。我不是牡丹那种富贵，沉甸甸让人不禁为它额首低眉；我不如玫瑰那般妖艳，盈盈欲滴让人心醉；我也不似菊花那般如君子傲物，让陶渊明为它叹服。我是一枝梅花，一枝在寒风中颤抖，被大雪压枝的梅花。有人会觉得我坚强，觉得我不畏一切；有的人认为我傻，在寒冷季节孤芳自赏。可我不在乎别人如何评价，我只要开花给你看。

沉沉冬风，夜阑人静，只有昏沉的灯火隐隐约约在远处照着，照得前方的雪一片淡淡。不知为何，明月却如此皎洁，穿透薄云，照亮我的轮廓。我站在旷野上，静静地，静静地站着，我要开花，我要开花给你看。

夜对于你们太过短暂，然而对我很漫长。一个夜一朵花，我喜欢独自在黑夜中盛开，因为我喜欢在你们睡眼蒙眬地苏醒时感慨："呀，又一朵梅花开了！"

不知多少寒夜，不知几场大雪。有一天我终于抖落身上所有积雪，一袭红袍，在一片白茫茫中绽放我所有的努力。让孤独的奋斗者，不再叹息。

"当花瓣离开花朵，暗香残留……"当有一天我枯萎，当最后一片花瓣飘零，落在雪上。请相信我并没有离去，因为我会留一缕暗香在你心头，一直，一直。

我相信世间有轮回。有来生，我愿做一枝梅花，花期不长，却在每一个瞬间给人惊叹，让人流连。

我要坚持，我要奋斗，因为，我要开花给你看。

太　阳

李晓喻

我喜欢站在阳光下。

再热再晒也没关系，甚至是夏天。

最近，我好像喜欢上了体育课。在夏日的骄阳下奔跑、跳跃，每个毛孔都张开了，尽情吸收着上帝赐给我的养分。

我常常坐在教室里幻想太阳的方位——穿过白云，穿过蓝天，穿过星辰。在离我们千万里远的地方，有一个燃烧着的星球，在空荡荡的宇宙中翻滚着，为整个太阳系提供能量和希望。那里会是另一个世界吗？太阳上也会有生物以同样的方式幻想着我们的存在吗？

太阳对于站在地球上的我来说，是一点红点，但这个红点却关系着整个星系。我本以为我只是一个个体，一辈子就努力地生活在一个角落里。但当我晒到太阳，感受到太阳时，我感觉我和宇宙是一体的。我与地球、太阳同在宇宙中遨游，我也是这个世界的主人，我与世界同在！

我并不是一个渺小的人，我的每一步都在创造历史，我的每一分每一秒都在绕着太阳旋转。我的出生是偶然的，但也是注定的！我做的每一件事，都是宇宙中一件偶然却又注定发生的事。

阳光是我的信念。

相信自己的不平凡，是我的信念。

一切注定发生的事必会发生，我的一颗跳动的炽热的心，像太阳一样与世界相连！

090

夏

徐小航

从远山飘来一方碧蓝，带来刺眼的阳光炙烤着大地，散发出丝丝闷热的气息。是的，夏天到了。

池塘里荷花的香气早已溢满了整个空间，圆盘般碧绿的荷叶布满了池面，一朵朵娇艳的荷花羞答答地站在挨挨挤挤的荷叶上，出淤泥而不染。花瓣粉中带白的色泽如水晶般透亮高洁，给炎炎夏日增添了

一抹清韵。有的花朵完全盛开了，露出嫩黄色的花蕊，几只小蜜蜂早已飞上前去采蜜。有的荷花只舒展了几片花瓣，似一位风姿绰约的少女，亭亭玉立，回眸嫣然一笑。有的只是一个含苞待放的花骨朵儿，就像从未见过生人，羞得饱胀着红通通的脸庞，拽来一片叶子遮在面前……清风拂过，花枝摇曳，惊起池面一只只歇息的鸟儿，扑棱着翅膀，也惊醒了沉醉在美景中的人们。

夏日午后，从天地间升腾的闷热气息直逼人的脸颊，知了躲在繁密的叶儿中知知不休，使人更加心烦意乱。人们热得汗流浃背，纷纷从各自家中搬出小板凳、藤椅，拿着把蒲扇，坐在树荫底下乘凉，和邻居聊聊家长里短或下下象棋。孩子们则是喜欢拉着小伙伴，用手心里攥的那湿漉漉的钱币，买来冰棍，心满意足地舔着它蹦跳着远去。连小狗儿都趴在树荫下，耷拉着脑袋，伸长舌头，悠闲地享受这恬静的夏日午后。

夏天的天气像娃娃变脸，时不时浇来一阵倾盆大雨，为你送来阵阵凉意。轰轰的雷声从天边传来，像是一场音乐会。随着震耳欲聋的雷声渐弱，窗外便传来"啪嗒啪嗒"的雨点声。忽然，闪电华丽丽地在天幕上划下一个"之"字，吓得孩子们往桌底下钻……也只有在夏天，才有如此惊天动地的声响。

夏天的夜晚是四季中最美。湖面倒映着一轮皎洁的明月，泛着层层涟漪。有时，你会在大榕树底下惊奇地发现一只只萤火虫，发出幽幽的绿光，在你身边飞来飞去。抬头仰望，无数繁星像一颗颗钻石点缀在夜幕中，是那么静谧美好。

夏天像奔放的舞者，洋溢着如火的热情；夏天像亭亭玉立的少女，飘逸着碧绿的裙摆；夏天像顽皮的孩童，充满着活力与朝气。

夏天是美丽的，夏天也是宁静的，夏天是孩子们眼中清凉的冰激凌，夏天是少年记忆中美丽的红蜻蜓。

夏

房依婷

稚嫩懵懂的春天已经远去，迎来的是生机蓬勃的盛夏，一个更加活力四射的季节。

雨的急骤，风的炙热，花的绚烂，无不向人们在宣告，一个专属于青春的季节的来临。

"滴答、滴答""哗啦啦"……没错，夏天的雨就是这样，是最激情，最肆无忌惮的。雨打在屋檐上，玻璃上，"噼里啪啦"，就像爆竹的响声，震耳欲聋。被夏雨打到脸上的滋味可不好受，就像一颗颗小石子蹦到脸上，可疼了。我私底下认为这是夏姑娘的眼泪，像断了线的珍珠，说下就下，而且爆发力极强，让你防不胜防。这时，地面就像一面牛皮鼓，雨狠狠地敲击着，好似夏姑娘在对谁宣战，又似发泄着心中的不悦，是遇到什么伤心事了吗？

风的奔放热情和雨比起来，有过之而无不及。相比春风的轻柔，秋风的凉爽，冬风的刺骨，夏风则多了热情的气息。街上的行人都已大汗淋漓，一阵风吹来，拂在脸上的除了炙热还是炙热，使脸上的每一寸肌肤都被吹"熟"了似的，红通通、热滚滚的……

夏花之绚烂不是三言两语可以描绘的，如果不信，就看看这儿——池塘里，荷叶有的像一把把张开的伞，有的像一个个大圆盘，

092

有的像一把把小扇子，你挨着我，我挨着你。在密密的荷叶上，冒出了许多"小仙女"，都出落得亭亭玉立。有的纵情绽放，有的含苞待放，向全世界展示她们的美丽。夏天特有的一阵热风吹来，她们有的在仰头微笑，笑得花枝招展；有的在翩翩起舞，像在参加盛大的派对，这场面可是一年唯有一回赏啊！

细细品味一回夏天，才发现夏天真像处于青春期的我们：奋斗、灿烂、朝气蓬勃、活力四射——这是我们的名片，更是夏的。

夏，它用独特的方式，诠释了什么叫青春，什么叫活力！

那一抹坚定的身影

邵逸凡

093

从"姹紫嫣红、春色满园"，再吟到"万紫千红总是春"……你脑海中一定会浮现出那些高贵动人的花卉，或是那些高大挺拔的树木，抑或是那些青翠欲滴的小草，所以当我捧着那盆植物走进家门时，甚至自己都有些吃惊。

在一个阳光明媚的夏日午后，我眯着眼踱步在小区中，却无意中发现，在一小块被太阳晒出裂纹的土地上，屹立着几株狗尾巴草。尽管阳光酷热，它们翠绿依旧。它们的脑袋随着缕缕微风晃动，让人觉得是对酷热夏日的谄媚与讨好，更是一种卑微。我不禁惋惜地摇摇头，在这样一个骄阳似火的时节，它们能坚持多久？怀着这种近乎怜悯的心情，我趁着没人，偷偷将它们"转移"到了对它们来说理应是美好的天堂——我的家。

回家后，我每天精心侍弄它们。每日早晚灌不多不少的一勺水，放在凉爽又湿润的地方，甚至定期弄来一些肥料。可这株狗尾巴草并没有按我想象中的那样碧绿茂盛，相反却蔫头蔫脑，没有一点精神，连那谄媚的摇摆也几乎没有。

我不禁又急又恼火，坚持天天去"伺候"它，观察它，可它还是一副萎靡的样子。

还不如让你们被烈日暴晒呢！我这样想着，一气之下，我将其抛回那片干裂的土地。

可几天后，神奇的事发生了，这株萎靡不振的狗尾巴草竟然"复活"了！骄阳下，它随

着风的节奏轻轻摆动……

有时候，疼爱与包容不是将我们带向成功，走向坚强的途径，只有磨炼才能促使我们把心中的根扎下去。

望着这株平凡的狗尾巴草，我突然觉得它仿佛在与平庸的生命宣战……

花色，海棠

陈雨歌

我喜欢有阳光的地方，有阳光，就有温暖。

我喜欢粉色，粉色代表着温柔，像莞尔一笑。

我喜欢热情满满，却又安安静静的花，既给人以繁华，又让人充实。

——这一切看似矛盾的条件，恐怕只有海棠盛开才能让我满足了。

叶圣陶先生说，有阳光的地方就有孩童；我要说，有海棠的地方，就有阳光。今天，在阳光下，我终于可以放下繁重的学业，来看海棠花了。

是啊，春天到了，春天是那么蓬勃向上！遥看近却无的春草，羞羞答答的春花，不绝于耳的鸟鸣，构成了春天独有的景色。

看，那就是海棠——一株大海棠树，分出数百条枝杈，摇摇坠坠地挂着数不胜数的海棠花，给你一种密密层层的感觉，但又不显得厚实、古板。花朵儿像一个个粉红粉红的精灵，装点着春天。站在远处看，你会觉得是哪位艺术家在墙上画的一张粉色的广告画，粉中带白，淡雅朴素。这株海棠树仿佛是一位袅袅婷婷的贵妇人，有一头修长略带弯曲的粉红色秀发，瀑布似地倾泻于腰际，向游客们展示她的雍容华贵。

来到"贵妇人"面前，我才看清了她的真容。在阳光的普照下，花朵儿格外娇艳欲滴，引来了寻寻觅觅的蜜蜂与翩然起舞的蝴蝶。这群执着的追求者们在空中优雅地划着弧线，给海棠树增添了一份动态美。

不知怎的，一只蝴蝶离开了队伍，向前方飞去；我也朝着它飞去的方向望去，是不是前方还有更美丽的海棠？

我来到一个种着十几株小海棠的院子。阳光下，这十几株海棠树就像喷花的飞泉般盛开着。一朵朵海棠，从花瓣到花蕊，颜色由深到浅，中间的花蕊呈浅黄色，探出细长的身子，轻轻在风中颤抖，那娇嫩的样子仿佛是风一吹就会破碎。有的海棠还是一点点的蓓蕾，正如《同儿辈赋未开海棠二首》所写的：枝间新绿一重重，小蕾深藏数点

我要开花给你看

红。还未完全绽放的海棠蓓蕾像一只只美女的纤细的手，捂着脸，羞涩地不给外人看到她一点通红的脸庞。

海棠树下是柔软的草坪，一脚踩上去软软的。翠绿的草上有几片飘零的粉红色海棠花瓣，分外美艳……

晚上躺在床上，我仍然忘不了海棠花，忘不了她窈窕的姿态，娇嫩的颜色。

也许，只有海棠这种美丽却淡泊的姿态，娇艳又宁静的花色可以使浮躁的心静下来。也许，海棠花真正的高贵就在于它的美而不争。它的美不在我们眼前，只在我们心中。

淡极始知花更艳，愁多焉得玉无痕。欲偿白帝宜清洁，不语婷婷日又昏。

紫　藤

雍　妍

紫藤寂寞了一千年。

从一千年前那个李白说"紫藤挂云木，花蔓宜阳春，密叶隐歌鸟，香风流美人"的时代起，紫藤便是寂寞的。虽说花下也有江南女子的巧笑，可是，江南女子不免哀伤，花也就不免寂寞。

花解人语，人知花愁否？

紫藤的美，其他的花怎能比得上！我的校园里有着大片大片绚丽的紫色，那紫色繁华，却又觉得淡雅。后来知道了，那便是紫藤。在

花下读书时，我常常惊异于她的美：世间竟有这样的花，妩媚妖娆的花朵，陪伴着盘曲遒劲的树干，在暮春时节，开得那样轰轰轰烈烈。

只看一眼，就能感觉它有淡淡的邪气——因为那饱满的紫色，与生俱来，无论从哪个角度，都有着惊世骇俗的美。怪不得迷醉得让人愿为其倾慕一生，而不觉后悔。

紫藤艳丽无比，如同神话故事中的树精花妖，妩媚到了极致。又像是狐，不管是什么样的时间和什么样的表情回眸，总觉得花朵有一丝淡淡的笑，那便是邪气，紫得魅惑。

直到冬天时，紫藤才会脱下华贵的皮袄，露出触目惊心的疼痛。弯曲的树干上，像是纠结在一起的伤疤，大的、小的，曲曲折折的枝干上竟有几十处疤疖。它们像是上天的嘲讽，雷击的痕迹，雨打的创伤，密密麻麻地充斥了眼球。可是这些深深浅浅的伤口，等到来年竟又是一树的紫，疼痛被掩盖地轻描淡写、漫不经心。

所以我常觉得紫藤不是人间的花，更像天牢里生长出来的不屈的生命。

厚重的色彩，浓烈的艳丽，紫藤不在乎有没有人懂。

传说紫藤为爱而死。这本是一个俗得不能再俗的故事，说的是一个女孩和男孩相爱，遭到族人的反对，两人私奔后被逼得走投无路，手挽手，共同跳下悬崖。死后，女孩成紫花，男孩成藤蔓。

曾经去过一个不知名的山谷，满树的紫藤花，紫到没有空隙。那一树，花与枝紧紧缠绕着，仿佛不愿落下般。

想起《花经》里的句子："紫藤缘木而上，条蔓纤结，与树连理。"

紫藤，不寂寞。

秀荷花

朱睿童

万花之中，我最爱荷花。

我见过的花很多：雍容华贵的牡丹，高贵清雅的菊花，婀娜多姿的水仙，光彩照人的太阳花……但是，在我的心目中，唯有"出淤泥而不染"的荷花占有最重要的地位。因为它那亭亭玉立的身影，给我留下了深刻的印象。

暑假里，我同爸爸来到莫愁湖公园游玩，见到了大片的荷花。我信步来到湖边，静静地观赏着生机勃勃的荷花。

一片诱人的翠色映入我的眼帘。在那平静的水面上，铺满了荷叶，远远望去，像一块漂亮的绿毯。走近看去，净是一片挨着一片的荷叶。有的大如圆盘，有的像一把小伞，还有的则像一个小碟。荷叶碧绿的颜色，像翠玉一般的温厚，呈现着盎然的生机。有的漂浮在碧波上，流转着满盘的圆润；有的秀挺在空中，撑起一伞的潇洒。一片片，一层层，像是给池塘穿上了一件漂亮的碧绿色的长裙。

在这众多的荷叶中，挺立着一株株俊俏的荷花。

荷花的颜色大都是粉红色的，也有乳白色的。乳白色的荷花较少见，这次我碰巧见到了。它只有四五个花瓣儿，花朵却开得很大。花瓣有点像一颗倒举的心，靠近花托的部分逐渐变细、变平。越是长

在里面花瓣越小、越嫩、越艳。中心半露着金灿灿的花蕊，花蕊里面簇拥着莲蓬，顶端是淡黄色的，向下渐渐地变成绿色，最后成了深绿色。

啊，荷花，你的美丽令我陶醉！

我爱荷花的娇艳清香，更爱你那"出淤泥而不染"的秀挺姿态。

八月桂花香

石　尚

一清早出门，就闻到一股沁人心脾的幽香。

那扑鼻而来的香气就像一种无形的力量，把我吸引到一棵树下。咦，到处都是深绿色的叶子，哪儿也不见花朵。猛一抬头，只见成百上千朵金黄色的小花密密麻麻地藏在一片片硕大的绿叶中，向我绽放出笑脸。啊——是桂花开了！

桂花树挺高，叶子呈扇形，边缘带着小刺，桂花就开在叶与叶之间。每一条细细的树枝上，成群结队地、袅娜地开着几十朵小黄花。仔细观察，才发现每一朵花有四片花瓣，米粒大小，颜色内浅外深，仿佛是金黄色颜料染了上去。金色流动到了花瓣边缘，晶莹剔透地就快要滴下来，充满了活力与质感。

在同一棵桂花树上，花朵的形态各不相同。有的刚刚绽放，就像出生的婴儿，四肢还没有完全伸展开。有的开得正旺，就像翩翩起舞的少女，裙摆在风中飘扬。有的虽然花瓣枯萎了，蜷缩在一起，但颜色依旧是透亮的金黄，丝毫没有衰老的意思。风儿一吹，就落了下来，却依然散发出幽香。多么顽强的小生命！

桂花不在热热闹闹的春天开放，不和名贵优雅的花比美，只是在秋天躲在树叶里默默无闻地自开自谢，透出无比旺盛的生命力。

南京是一个桂花飘香的城市。在我居住的小区，就有一列桂花树。清晨，它们送我上学；傍晚，它们伴我回家。

桂花的香气是淡雅的，也是浓郁的；是纯朴的，也是华丽的；是迷人的，也是深邃的。在桂花树下深吸一口气，那美妙的香气便沁入心脾，让人放松、陶醉，甚至露出微笑，去面对接下来的生活。

我爱桂花，爱它的幽香，爱它的朴素，爱它的生命力。

烟雨的味道

　　一片叶子一不留神，就被风吹得离开了大树妈妈的怀抱。它在空中悠悠地盘旋着、盘旋着，就像一只即将逝去的蝴蝶在飞舞。最后，以优美的弧线簌簌地飘落在地。

　　那一刻，我的心弦被触动了，原来它就是以这样坦然潇洒的方式面对死亡。即使到了生命的尽头，也要把最美的一面留给大家，不带着任何遗憾离开。风继续吹着，叶子一片又一片地凋落；花儿似乎也被感染了，也随风零落。看着花儿凄美的飘落，才发现秋天已经在不知不觉中来临了。

　　叶儿黄了，花儿落了，这是一个萧瑟凄凉、充满苦涩的季节。

烟雨的味道

朱　丽

"滴滴……"一辆满载着苹果的卡车穿行在坎坷不平的乡间小路上。一阵风吹过，瓜果的香气顿时弥漫整个田野，钻进了我的鼻子里。秋天的家乡真热闹啊！

我走在乡间小路上，梧桐树仿佛在为我献花，枫叶仿佛在为我挥舞欢迎的红绸，到处欢声笑语、五彩缤纷，秋姑娘真的来了！

走到路的尽头，是村委会的大院。推开那古老简朴的大门，眼前的一幕一定会让你目瞪口呆——满地都堆着装满刚采摘下来的水果的柳条筐：黄澄澄的鸭梨，红彤彤的苹果……水果的芬芳让你不禁流口水！再往后走，啊，火红火红的柿子！看，那一筐有那么多，简直堆成了小山！说是来找我的奶奶，其实，我就是来"过瘾"的。不一会，我的肚子便被各色水果撑得圆滚滚的，心里真是美滋滋。秋天真好！

当然，果实的香味也早已飘进了我们最好的朋友——牛的鼻子里了。看，被拴着的牛大哥也按捺不住自己的心，不用皮鞭驱赶，便乐呵呵地赶来帮忙碌的人们拉货。是的，再累也值了！秋天就是这样让大家都激动不已。

稻田里，金黄的稻谷这时也绽放出它们最美的光彩。秋风萧瑟，它们摆动纤柔的腰肢，昂首挺立，为忙碌的人们跳一支优美的舞蹈。这一瞬间，是它们用丰收的乐章完美地谢幕，秋天也是稻香飘溢的季节！

秋天，秋天，是乡村最美的季节，是令人喜悦的季节。我爱家乡这如诗如画的秋天！

故乡的金黄

李　晗

独钟于秋，尤其是故乡的秋天。

俗话说："一叶知秋"，又到了秋风扫落叶的时节，我便随着这金风，来到中山陵漫步。

放眼望去，叶已泛黄，却如此地绚烂美丽。即使是落叶，在最后一刻也要绽放那最美的金黄。它们渲染了秋，使秋披上了一层如诗如画的风韵，使秋更具婉约风情。叶，是秋的精灵，秋的舞伴。

继续向前走，越过树林，一幅水墨画便映入眼帘。那山，那水，仿佛是哪位高明的画家一不小心将墨洒在洁白的宣纸上，有浓有淡，于是便成了眼前这幅浓妆淡抹的杰作。山，悠远宁静；水，淡雅如画。我忽地想低吟一首优美的小诗，却又怕惊动了这宁静的世界，便只是伫立凝望。此时的我，仿佛已经与这如梦似幻的世界融为一体：与白云共戏蓝天，与鱼儿同游碧湖……

金风吹醒了我的美梦，我这才发现自己已在这里站了多时。天色

烟雨的味道

也不早了，虽依依不舍，却也只能返回。

泰戈尔说："生如夏花之绚烂，死如秋叶之静美。"——秋，或许令人伤感，令人感到凄凉；但，这也正是她的独特魅力。秋没有春夏的繁华和冬日的温柔，却独守了一份淡然之美，静静地褪尽繁华，让人反省，让人回味。在四季中，秋，从来都闪烁着独特的光辉。

也因此，我独爱上了这让我沉默的秋。

秋天是酸酸的

管宇瑄

104

秋天的味道是酸酸的。

秋天是收获的季节，各种各样的水果和庄稼都丰收了。小伙伴们争先恐后地爬上树，摘下一个个金灿灿的蜜橘，一瓣瓣都鲜美可口，还透着一点儿酸酸的味道。可孩子们怎么会怕酸呢？不一会儿就把这酸溜溜的橘子吃完了。还有"水果之王"猕猴桃，要是吃到一个熟了的猕猴桃，那甜中带点酸的味道，可真是美味极了；如果运气不好，吃到一个还没长熟的猕猴桃，那酸味可要把牙齿都酸掉了！

秋天的味道是甜甜的。

走进果园，看那一棵棵诱人的果树——被风吹得火红的红富士，沉甸甸地挂在枝头。当阳光洒向它们时，就闪着润泽的金光。还有那满架子的葡萄，每一串都是紫亮紫亮的，透着外皮都能看见里面的葡萄籽，就像一颗颗晶莹剔透的珍珠。剥开薄薄的外皮，放进嘴里，甜丝丝的味道瞬间滑进喉咙里，真是让人心情舒畅啊！

秋天的味道还是苦苦的。

树叶在空中摇摆着。突然，一片叶子一不留神，就被风吹得离开了大树妈妈的怀抱。它在空中悠悠地盘旋着、盘旋着，就像一只即将逝去的蝴蝶在飞舞。最后，它以优美的弧线簌地飘落在地。那一刻，我的心弦被触动了，原来它就是以这样坦然潇洒的方式面对死亡。即使到了生命的尽头，也要把最美的一面留给大家，不带着任何遗憾离开。风继续吹着，叶子一片又一片地凋落；花儿似乎也被感染了，也随风零落。看着花儿凄美的飘落，才发现秋天已经在不知不觉中来临了。叶儿黄了，花儿落了，这是一个萧瑟凄凉，充满苦涩的季节。

秋天的味道是辣辣的。

秋天到来了，农家的檐上、门上、窗户上都会挂上新收获的一串串火红的小辣椒，象征着团圆和幸福，象征着日子一年比一年红火。

秋天的味道，是酸、甜、苦、辣……它就是生活的味道，只待你自己去细细品尝。

姥姥家的红柿子

李木子

金色的秋天，像个成熟的中年人，处处都记录着它经历的风霜，也收获着累累的硕果，品味着劳动的琼浆。

秋天的味道就是满城的桂花香，就是乡下大姑家满屋的稻米香，

烟雨的味道

就是姥姥家院子里一股莫名的柿子甜香……

那天，我与爸爸骑了单车绕着学校外围专门为骑车修建的一条小路散心。学校里桂花开了，树虽只有五六棵或许更少一些，但它们将独一无二的、专属秋天的桂花的香气，毫不吝啬地送到了每个人的鼻子下——"香飘千里"一点儿也不假。这是属于秋天的小路，时常会看到懂生活的路人很贪婪、很享受地深呼吸，然后嘴角略带笑意地自言自语："嗯，哪儿来的桂花香……"是啊，哪儿来的桂花香呢？

到了乡下，浓郁的桂花香气就略少了些，却多了一种城里没有的稻香。

乡下的村子里都是农家自己盖的两层或三层的小洋房，门前留有一大片水泥刷过的空地。到了这个季节，空地上都会铺着金灿灿一片的稻粒——都是今年的收获。我与哥哥姐姐一人一把竹耙子帮大姑翻稻，好让阳光均匀地将每一颗稻粒晒透。其实我们哪是在正经干活，只是图个好玩儿新鲜劲儿！我们的脸红扑扑的，有太阳的功劳，也有稻粒的功劳。虽然稻絮沾满了全身，却也沾满了质朴的丰收喜悦。

这个季节，姥姥家的柿子树也是我最怀念的。什么事儿不干，只惦记着爷爷帮我焖柿子。还没熟透的青柿子，吃起来微苦涩嘴，难受极了。所以要用温水泡上好长时间，才能变成脆柿子，脆甜可口。再等几个星期，柿子熟透了，挂在树上得及时摘，要不然掉到地上就可惜的。熟柿子就不脆了，但是更甜，得一边剥柿子皮，一边顺嘴吸溜，凉凉的，很舒服。

好想再咬一口啊！嗯，这就是秋天的味道……

独家记忆

金　威

　　车中，一曲《独家记忆》在缓缓地流淌着，伴着我们从丽江流向昆明。凝神回想我的丽江古城之旅，只留下两个字：美好。

　　遥望古城，一缕古朴安逸的气息随风而来，轻轻地，看似没有一点重量，却让人的心陡然一暖。不知是那凹凸不平的石板，还是那黑瓦白墙的宅院，或是那饱经风霜的垂柳，是它们——让我忘却了路途劳顿，缓缓地，信步其中。

　　美好或许藏身于那石板吧。它们有序地排列着，几千年点点滴滴的雨珠滴落在上面，几千年牛马的蹄声回荡在上面，几千年行人的踩踏更使它凹凸不平。忍辱负重的它只是平躺在那儿，悄无声息。最爱小巷中小牛或是小马经过时"嗒嗒"的清脆的响声，宛如天籁，震撼心灵，这便是那石板与世界的交谈。

　　美好可能隐身于那古宅吧。它们默默地伫立在那儿，一言不发，但又像欲言又止，甚或是从未停止过絮絮述说。它到底想说些什么呢？是与那伸手就能触碰到的白云交谈，还是和脚边潺潺的溪流打趣？不知道，也无从知道。但我相信它述说着的，一定是有关时光，有关生命……那乌黑的瓦，不知已有多少雨水曾从它身上流过，过去有无数，将来仍有无数……

应该是那垂柳吧。它们那有着一道道伤痕的树皮，像是被无数顽童用小刀划过一样，裂了开来。深褐色的枝干，与那蓝得不能再蓝的天空相互映衬，静谧而又和谐。枝干虽然苍老，而枝条像刚生长出的一样，油嫩嫩的，翠生生的。它们玩着凉凉的水，与水草互相挑逗。水流抚摸着枝条，像一位母亲在给女儿梳头。微风又调皮地将"头发"从母亲手中吹走，带它在岁月里赶路。

我知道了，是石板，是古宅，是垂柳……它们都是那么美好，让我陶醉其中。

将思绪拉回，车中依然回荡着那美妙的旋律。

啊，美丽的丽江古城就是我美好的独家记忆啊！于是，嘴角微微扬起，心也跟着轻轻哼唱："我喜欢你，是我独家的记忆……"

江南烟雨时

陈敏琦

江南的烟雨，朦朦胧胧，给人一种神秘的美。

我去江南时，正值烟花三月。不知为何，来时一片朦胧；去时依旧如此，却使我在这不长一段时间里体会到江南那朦胧的美。

还记得刚到江南，因为没看到那"日出江花红胜火，春来江水绿如蓝"，心中有少许抱怨，遗憾没看到江南那春光灿烂的画面；却不知，自己已身处最美的江南。

那天傍晚闲着无聊，我便独自一人撑着一把油纸伞，随意走在乌镇的老街上。听着耳边稀稀疏疏的雨声，看着眼前满是沧桑的老街，厚厚的青石板诉说着这里发生过的每一件事。忽然觉得有些不习惯，心中不禁感慨。生活在城市的我们，习惯着每天忙忙碌碌的生活。随意走在用青石板铺成的老街上，竟觉得有些不自在。无奈地感叹自己的矫情，眼前却随之一亮：细小的雨滴在屋檐上凝结成雨珠，轻轻滴落，与古色古香的街巷构成一幅水墨画，好美。

离开那条老街，不知不觉走到了河边。河，在许多人的记忆里，有河的不一定是江南，但江南必定有河。我趴在石桥上，俯视着河面。雨滴大大小小，此起彼落，画出一个个圆圆的涟漪。生活亦如此，它不一定要跌宕起伏，激情四溢；简简单单的生活，平平淡淡犹如这雨滴，就很美。

转头打量路上的行人。行人大多都撑着伞，却没有一个神色匆匆。平静是他们共同的特征，就像此刻静默在雨中的江南。

我于是收起伞，任雨丝飘落在脸上，清爽、微凉。忽然觉得，在江南，下雨天不打伞也很好。

江南烟雨，有一种静默自谦的美。

109

游白鹿洞书院

汪岑菡

今年7月4日，我们去了中国的四大书院之一——白鹿洞书院。

到达白鹿洞书院时，正值下午。远远望去，参天古树的枝叶密密麻麻地遮住了白鹿洞书院的上空，一条小溪门前流过。古树参天，泉清石秀，环境十分优美。

踏上通向书院的路，缕缕金色的阳光透过树叶的空隙射进来，在地上形成了斑驳的影子。

书院里，小溪穿院而过，正中间是一块牌坊。牌坊原是灰色的，可因牌坊上爬满了青苔，成了青绿色。走过牌坊，是一座状元桥，传说从这上面走过的人都会成为状元。

再往前走，便到了"正学之门"。"正学之门"的里面，是先贤们供奉孔子像的地方。巨大的孔子画像两边分别放置了墨子等先贤的像。供堂的后墙上，写着四个苍劲有力的大字：忠、正、廉、洁。它告诫人们要忠正廉洁，做一个品德高尚的人。孔子画像前面，放置着五个大小不一的盒子，五个盒子上分别写着礼、义、仁、信、和。原先，我以为一向以"仁者人也"为主张的孔子会将"仁"放在第一位。可是，他却将"礼"放在里第一位，也就是说做人不仅要知仁，更要知礼。

从一扇形拱门进去，沿着一条小径，便来到朱子曾经讲学的地方。这里古树浓荫，风吹树动，光影摇晃，有如微波荡漾的湖水。朱子就是朱熹，他曾是白鹿洞书院的主讲。他的教育思想如今在这里被人们设计成了一本石雕大书，上用隶书写着："父子有亲，君臣有义，夫妇有别，长幼有序，朋友有信。"

这里真是一个读书的好地方啊！诗人王贞白在诗《白鹿洞》中写道"读书不觉已春深，一寸光阴一寸金"。可见读书若是入神，每天都过得紧张而充实，就会全然忘记了时间。我闭眼倾听——清风拂过树叶发出的沙沙声，此时仿佛也变成了朗朗的读书声。

我们在白鹿洞书院里逛了两个多小时，就要离开了。伴着斜阳，回望这座掩映在参天古树中的书院，山上林木葱茏，山下流水潺潺，使得这青瓦白墙的庄严的知识殿堂，更显得清幽肃穆，令人崇敬。

大金山秋色

罗　璨

　　知道了秋的滋味是缘于校园的片片落叶。当习习凉风轻柔地拂上脸颊时，秋便悄悄地来了。不带半分烟火气，不带一丝脚步声。

　　许是为了采撷这秋日的美吧，我们便在这个丹桂飘香的金秋十月，到溧水县的大金山品味大自然的韵致。

　　刚从大巴上下来，便感到一股清新的山野之气拂面而来，唤醒了全身的每一个细胞的活力。举目望去，已过中秋了，这山竟还是偏青的颜色。没有那"层林尽染，漫山红遍"之势，反有郁郁葱葱的绿意流淌了出来，润泽着这片小山坡。秋风习习吹着不肯枯黄的树叶，脚下的小草也在张扬着蓬勃的生命力。细细聆听竟还有几声欢快的虫鸣与鸟儿的细语，真是恍如回到了夏天。

　　进入大金山公园大门，眼前出现一条笔直的水泥路。我却偏偏不走，专捡泥土路，放飞久被约束的心情——在城市待久了，听惯了河西的汽笛，闻惯了夹带着烟尘的空气，我总情不自禁地想念起大自然的天地，想去看看初春的花，盛夏的树，金秋的月，寒冬的雪，想去追寻那一份新鲜！

　　感受着自由的风，昨天的心情还是犹如阴霾满天，今天却有了灿烂的阳光。

111

烟雨的味道

好久没有这样长时间的步行了，所以虽路途不长却走出了一身汗。好在还有凉风做伴，就这样一路迎着阳光，一路走一路赏，好像自己也变成了一片漂浮在山间的云。

累了就停下脚步，四下打量着这座山。

山不高，恐怕还不足百米吧！就是在南京境内比较，她也远不及紫金山高大挺拔，没有老山绵延不绝，却独持一份属于她自己的从容与淡泊。

半山腰有一片小小的湖泊，那水真是清澈，一眼望去有股从深处泛出的绿意，犹如一块空灵的水晶，让人舍不得向里面扔一片枯叶。微风吹过，湖面泛起了轻柔的波，让人想到"少妇拖着的长裙"，想到"风乍起，吹皱一池春水"。

不远处的山坡上，静静地卧着几间草房。绿树的掩映下，隐隐地点缀着几块农田。这大金山啊，静静地横卧在南京的一隅，以独有的闲适抚慰着到这里来散心的游人。秋所赋予她的静谧，让她在平凡中添了几分淡雅。这山，真秀气！

在这里的行程是悠闲的，我们可以骑在马背上享受温暖的阳光，也可以倚在树干上凝望被秋雨洗刷过的天空。时间好像变慢了，变得充裕了。这种没有时间压迫的轻松在匆匆的都市里已经很难体会。

啊，这便是大金山的秋！

带上什么去旅行

周逸韬

有时，我会想，生命的意义在于冒险的快乐。倘若有一天我独自一人驾驶着一艘船出海冒险，除了生活必需品外，我还要带什么？

思考良久，我决定带上一个随身听。

在风平浪静的清早，我从船上站起来，面对着炽热的朝霞，我要播放贝多芬的《欢乐颂》。这声音在海面上显得格外悦耳，每一个旋律都像是在为海鸥伴舞，爬升的音调好像在描绘朝阳的生机。

那时，想必我会立在船头，对每一个明天都充满了希望，对眼前一望无际的世界充满了好奇，心中欢乐的火焰燃烧了起来。

安静的傍晚，我也一点都不会觉得寂寞。我会放一首《蓝色多瑙河》圆舞曲，告别白日阳光，海浪一层一层地跳跃。在这雄浑的乐曲中，面对海浪，我对活泼轻盈的高音有了不同的理解。我觉得自己是个勇士，生活的勇士。每天劈波斩浪，时刻存在危险，我却只需音乐相伴。这首曲子跌宕而华美，婉转而又壮丽，做我冒险生活中坚实的后盾，那感觉一定是快乐的。

或许在某个寂静的黑夜，我在海边灯塔的照耀下，将船停在了一个美丽的小岛旁。我躺在船上，呼吸着咸咸的空气，耳边忽然聆听到了一缕清朗的乐曲。寻声摸索，应该是岛上的一泓清泉吧。

这时，我会播放一曲《故乡的原风景》，伴随着舒畅的海风，眼帘里满天星点，我放慢呼吸声，用心体会着泉水泠泠之声，感悟着自然之音。泉水和海风共同演奏的音乐，正是这天地间最动听的声音吧！

让音乐的光辉照亮夜中的世界，让音乐的气息透彻诸天，让音乐的圣泉冲过一切阻挡的岩石，向前奔涌。我感受到了一种永恒的音乐之美，一种自由之美。

突然间，我明白了，我需要的并不是随身听。

独自冒险天涯——我需要的是音乐带给人的一颗自由之心，一种温暖的力量！

海风停了，我徜徉在梦里，哼着小调。

贪　恋

邵思齐

每当我从老家回南京时，我总会恋恋不舍地从后视镜中望着它，在脑海中描摹着它的形状，在耳畔回响着它的口音，不可自拔。

总是这样，总是这样——

夕阳的余晖洒在大街上，像鲜榨的橙汁。月型拱门一走进便是古朴的四合院，有外婆种的兰花和芦荟，碎了的蛋壳倒扣在土上。两把小竹椅，上面有两把蒲葵扇。小院正是初夏纳凉的好地方，听青蛙鸣声一波波地传来，四池大水缸中的浮藻很安静。外婆和外公就坐在旁边话家常……多么宁静安详的夏夜，我贪恋它。

连绵的青山犹如古代不同颜色的黛眉，但不管是哪种都美得勾魂，在太阳下泛着碧透的光。在近处是一些淡淡的锯齿状山峦，空气中有一股恬静美好的味道。走在小路上，去看外公外婆，去看老房子，去过祖祖辈辈都这样过的生活……自觉悠然。

夕阳西下，我与老房子遥遥对望，外婆外公站在门边，外婆轻轻向我们招了招手，手上的玉镯儿迎着绯红的晚霞闪烁出翠色的光……

我觉得，贪恋其实很美好，因为有物可贪，有人可恋，活得兴高采烈。

人的一生就是如此，故乡是用来怀念的，童年是用来追忆的。当你怀揣着它时，觉得它一文不值，但当它耗尽时，我们又会去贪恋它。

要经过多少贪恋才知道平平淡淡，并不等于意兴阑珊。

故乡的模样迅速地在后视镜中消失，我忍不住红了眼眶，将头埋在双膝间，不可自拔。

115

晚　霞

陈润森

十七点四十分，刚回到家，还没开灯。我打着呵欠，走到阳台，看着天。今天的天黑得早，夕阳没等我就落了，只留下一片晚霞。

烟雨的味道

晚霞并不很绚丽多彩，数来数去就五种颜色。最顶上是发着金光的白色，光线很强，刺伤了我那轻微弱视的右眼，不过一会儿就好了，无大碍。接下来是金黄。那颜色好似加了兴奋剂，一看就让人来了精神。下面的颜色比较古怪，说是橘黄，浅了；说似红色又深了，只可能是橘红了。目光聚焦在橘红色上，身上暖暖的，似白天的太阳直射在身上，可是又没那么晒。时间有些长了，我闭上眼在阳台踱步，算是一种休息吧！

做了几节眼保健操，清醒清醒了头脑。猛地抬头，一股兴奋直刺我的头。我的第一感觉是天空刚刚发生了"战斗"，漫天全是缕缕的"血丝"。这些"血丝"后好似藏着金光，朦朦胧胧的，像是胜利的光环，也许就最后的暮光吧！

我想着想着又回到了现实，才猛然意识到黑夜快要来了。我珍惜这最后一点色彩，最后的一点光。

十八点了。天暗下来，好似一张曝光不足的照片，最后一点儿金光也消失了。天蓝色把本应有的红色吞没了，变成了一种不纯粹的青色，还是上浅下深，近似湖蓝色，又似……不想了，太复杂了。

很快，那蓝色变得越来越干净，变成一个纯正的紫色，因而使天空显得有些梦幻。东方升起了一弯月牙儿，淡淡的象牙白，像是太累了的眼睛吧，半闭着。

我也闭了闭眼，再睁开，天色就全黑了。可是黑得不纯净，因为那黑色下面好像还有朦朦胧胧的颜色。嗯，那可能就是城市的灯光吧。

看了看表，十八点半了，该去写作业了。

"呀——呀——"仿佛不甘心我的离去，天空中忽然响起声音。蓦然回首，两只鸟飞进了夜幕。我想着：喜鹊最好，可别是乌鸦。

这世界有我

朱雨婷

这世界里小小的我，就如同一颗星星，渺小极了。但我从不为此难过，因为每一天，我都在这世界上留下我的痕迹……

傍晚的街心花园里热闹极了，老人的谈笑声，孩子的玩闹声，一阵阵在风中飘散开来，谱成一支欢乐的曲子。我一路顺着小道向前走，瞧见一个胖胖的小男孩正在学走路。他挥舞着两只胖乎乎的小手，一摇一摆地向前走，忽然一个趔趄，我忙伸出手扶他。小胖墩一下扑进我怀里，不远处的年轻母亲焦急地跑过来，对我露出感激的笑容："谢谢，真是多亏了你了！"我有些不好意思地摆摆手。低下头，小胖墩仰起红苹果似的脸，咯咯地朝我笑，黑葡萄似的眼睛，在夕阳的余晖下，亮晶晶的。我也忍不住弯起了嘴角，心里美滋滋的。

这个充满善意的世界，有我。

匆匆回到家，天色已经暗了。奶奶催促着我吃完晚饭，收拾了餐桌，在厨房里洗碗。我走进厨房，主动要求洗碗。奶奶有些意外，不过看我一本正经的样子，虽然迟疑了一下，还是点了点头同意，又不放心叮嘱道："小心一点儿，别打碎碗伤到手。"我一边从奶奶手里接过碗，一边笑嘻嘻地对她保证："我知道啦，不会的。"奶奶在一旁看我有模有样地洗起了碗，露出一个欣慰满足的笑容，嘴里念叨着

烟雨的味道

"丫头懂事啦"，乐呵呵地去看电视了。

我发觉，这世界里小小的我的一点儿努力，能为家人带来满满的幸福与快乐。

夜渐渐深了，我坐在窗前，抬头瞥见我收留的那位小客人——一盆被剪去叶子的天竺葵。在我的悉心照料下，它早已恢复了生机与活力。茂盛的叶子像是一把把张开的浅绿小蒲扇，悠闲地上下摆动着，顶上开出一簇簇红艳艳的小花，在轻柔的夜风中摇摆。

我当初的一点儿善意，如今为这个世界多添了一抹生机与活力。

窗外，夜色正浓。漆黑的夜空中，有数不清的小小的星星正闪动着，为晚归的行人点亮一盏盏灯。

这世界里小小的我，就如同无边夜空中的一颗星。尽管渺小，但还要努力发光，为身边的人点一盏灯，用小小光亮，照亮他们的笑脸。

毕竟，这世界有我。

我的秘密花园

吕泽逸

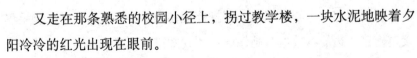

又走在那条熟悉的校园小径上，拐过教学楼，一块水泥地映着夕阳冷冷的红光出现在眼前。

六年前，那是一片充满鸟语花香的树林，四季常绿，充满生机！

那是我——一个喜欢自然的小孩，心灵的栖息地！

每到课间我都会来到那里。

春天，遍地的野花散发着迷人的香气。花上彩蝶翩翩起舞，叶子上能看到蚂蚁在忙碌。不时有几只叶甲折射出太阳七彩的光芒，就好像草地上镶着许多迷人的宝石。

夏天，野花稀了，树木开始绽放出他们的生命力，像许多碧绿的巨伞，吸收夏的炎热。树上传来百灵鸟和麻雀的鸣叫声，竹蛉和蝉也一展歌喉。不时还有蜻蜓飞过，好像在给这个盛大的演唱会伴舞。

秋天，树叶纷纷裹上了斑斓的新衣，黄色、橘色、橙红色、淡紫色还有黑褐色……绝妙地混合在一起，好像一幅油画！枝干上不时有产卵的螽斯鸣叫着，一种不知名的紫色小蘑菇像花朵一样在地上点缀。

冬天，梅花在风雪里绽放。一种大步甲在地上懒懒地爬着，落叶在雪地里偶尔还露出一点色彩，盲蛇在小洞里熟睡着还不时像蚯蚓一般翻两下身呢！

这片三十多平方米的小树林，是那时我心中的圣地！白天在林中玩耍，晚上，树林间的画面步入我梦，梦里还不时能听到虫儿在鸣叫。

但是进入四年级后作业越来越多，升学的压力也越来越大了。我便很少再踏入我的"秘密花园"了。

一天，我又想重游那片树林，却发现周围设有一圈路障。当时没想太多，又进树林听了会儿虫鸣看了看叶甲，然后满足地匆匆离去了。

时光飞逝，一转眼我就要小学毕业了。我兴奋地走在那条小径上，想再去跟我的"朋友们"说会儿话。拐过教学楼，却只看到一片陌生的水泥地——突然想起了那天的路障，我明白我的"秘密花园"已不复存在了！

烟雨的味道

我拖着疲倦的身体回到家，躺在床上，不明白为什么好好的一片属于孩子的天地，要被大人变成冷冰冰的空地！

睡梦里，我的秘密花园树林幽幽，草儿翠绿，虫鸣依旧。有一个孩子，正在那儿愉快地玩耍、休憩……

小　巷

贲　奥

以前我家旁边有条小巷，儿时的我总把那条小巷当作嬉戏玩闹的场所。

白天，那条小巷显得十分古老，旧旧的青石板路，潮湿的苔藓。巷子两边的屋檐上漏下几缕稀疏的阳光。在阳光温柔地轻抚下，发亮的苔藓使小路更加古朴。晚上，那条小巷便显得十分神秘。一眼望不到头的漆黑的深巷，时不时传出"呼呼"的刮风声，使我总想与小伙伴们晚上去"勇闯鬼巷"。

晚上几个人一起走进小巷，我们的任务是努力走到小巷尽头。尽管每次都被那"呼呼"如鬼叫般的风声吓怕了，犹豫着不敢前行，却又很享受几个人聚在巷口瑟瑟发抖欲罢不能的感觉。

随父母迁居后，小巷成了我梦里的回忆，虽然早已失去了玩耍的兴趣，可小巷仍让我觉得神秘。

也许小巷也在等我回去，我却忽略了小巷静静地等待。

几年后的一天晚上，我再次路过那条小巷，突然心血来潮想进去一探究竟：小巷尽头到底是什么？月亮高高挂在天上，一阵寒风吹得树枝"啪啪"作响，再望一眼小巷，还是那么幽深黑暗。迟疑了一秒、两秒，我终于独自迈开了多年来的第一步……

不知道是什么让我有勇气走下去，我只是不断走着，走着。当我终于穿过那段黑暗的小巷来到尽头，一丝光亮照亮了我：小巷的另一头，有耀眼的灯光，茂盛的树木，开阔的草坪——那是一个美丽的广场。

哦，原来风景这边独好。

村　庄

刘笑晗

121

清晨，此起彼伏的鸡鸣声响起，整个村庄开始了忙碌的一天。

厨房里炊烟袅袅，冷清的家里也变得热闹极了。几个小孩子结伴跑到山坡上去玩。山坡上的杂草上蒙着一层霜，石子路上的小石子被冻得硬邦邦的。坡下有片湖泊，湖泊冻住了，几个小孩子拿树枝去撬。他们齐心协力，把冰撬得漂浮不定。调皮的孩子们又拿来石头，把冰砸得支离破碎。

稍晚些，几个围着围裙的妇女来到山坡下认领自己的孩子。有的孩子赖着不愿走，妇女们就把热腾腾的馒头塞到他们手里，还不忘责骂几句。

农田里勤劳的农民在收拾大棚中的蔬菜，他们肩上扛着锄头，有的手里拿着铲子，一步一弯腰，将碧绿新鲜的蔬菜采摘后装进竹筐。再驾着"突突突"的电动三轮车进城去卖。他们有的身后跟着一条小黄狗，小黄狗晃着尾巴，东闻闻西嗅嗅。阳光正灿烂，整个村子都醒得透彻了，显出一股喜气。

我一直很喜欢乡村的冬季。

蓝透了的天空，白云安静地依偎在天空的怀抱里。飞鸟点缀着蓝天，累了就在稀疏的树枝上或者电线上休息。小孩子穿梭在各个巷口，他们笑着，闹着，寒假给了他们玩耍的权力。老人们坐在树下的石墩上，安静地享受着阳光。他们聊着新闻，算着收成，脸上的皱纹都舒展了开来。

整个村庄都好像回响着一首悠闲的曲调，有一种美好，在心底渐渐漾起来。

那 条 路

陆念慈

再次走那条路，再一次覆上从前稚嫩的足迹。

一条黄泥土的路，短短的，弯弯的，崎岖不平。平日里，只要有人走过去，不免激起飞扬的泥土。那些骑自行车的，说不定糊住了眼，吃了一嘴的土。下雨了，路就变得泥泞不堪，一个个小水坑让那些路过的人猝不及防。

不过，若是儿时的我，那一定会穿着宽肥的胶鞋，故意踩向那些稀泥。有时，我会好心地在大雨天去路边的小水塘里捞上些许浮萍草喂给那些呆笨的鸭子；或是等雨过天晴了，捉几只蜗牛给可爱的小鹅开个荤腥。

这条路是咱家通向镇上的唯一小路，小路的另一头是通向后面的大片农田。有时候大人指派我去镇上超市买点儿什么田里种不出的玩意儿，我便开心极了。攥着皱巴巴的钱踢着小石子去镇上，在超市里或许还会偶尔背着大人买根棒棒糖。走回来，却又怕大人发现，不得不在路上急急地剥开糖纸，去融化那甜蜜。

走在小路上，我愿意走多快就走多快。若我想在旁边的草丛里挖一挖蚯蚓也可以，若我想坐在小河边吹吹风也没有人管，我想和那只小猫耍一会儿也没什么大不了，甚至有时我回家早已是夕阳西下，也是我的自由。

但若是夜里便不行了。周围漆黑一片，冷风吹过，我只能看见个别昏黄的灯光，只好快步走回家，哪怕触到一个石子也是胆战心惊的。回到家便长舒了一口气，这时，那条路就像一个怪物的舌头，好像要把我吞进去似的。

后来，村里大修，说这条路要浇水泥，后来又说要铺柏油。不过，这些都是说说罢了，奶奶可心疼路两边她种的蚕豆和油菜呢。

这条路，现在仍是一条黄泥路，不过上面走的人变了。

奶奶老了，仍住在路边的房子里；我长大了，到城里来上学，走向更广阔的路。但这条黄泥路却如同我和故乡的脐带，不断向我提供支持的力量。

我愿再一次走那条路，再一次覆上从前稚嫩的足迹。

多一点儿纯真，多一点儿笑

　　每个人在童年的时候，都是那么纯真、可爱，心中没有太多杂念。那是一种思想的纯洁，就叫"赤子之心"。

　　曾经，我的童年也是如此，因为纯真，所以欢乐。虽然已经过去了，却更加的珍贵。

　　让我们多一点纯真吧，也多一点欢笑，去书写人生更美的篇章！

饥饿的我

陈玘煊

我长大了，许多习惯都变了，尤其是吃饭。

刚上小学时，妈妈总是问我："晚上想吃什么？"我经常用一些"随便""不知道"等话应付过去。

那时候我最大的兴趣是玩，不喜欢吃东西。我总觉得多吃一顿不会怎么样，少吃一顿也不会少一块肉，所以我对吃的兴趣还没有对睡觉的兴趣大呢！

可现在——我最大的变化就是开始对"食物""饭菜"和"吃"感兴趣了。

由于现在家住得远，早上六点我便要吃早饭，而且要十分钟"结束战斗"。坐地铁的二十分钟，虽然不是很消耗体力，但我在不停地用脑力，因为爸爸会督促我用这段时间背书！下地铁后，我开始用我的体力，走十分钟到学校。此时，我肚子里的早饭已经消耗了三分之一。

早上开始上课，前两节课都是主课，它们会让我的脑细胞倒下一大片，肚子里的食物也将少掉了二分之一。上午的大课间有半个小时！结束后我的储存能量已经为零。于是，第三节课开始到上午上完最后一节课，我常感觉已经饿得没有知觉了……

我飘着下楼，又飘到食堂去，闻到那饭菜的味道，好香啊！可是已经没有力气做出强烈的反应——因为我还要排啊排啊排……终于轮到我了！最后一个打到饭，坐下来，还有什么可挑剔的？什么都香啊！

也不知道为什么，虽然中午吃得不少，可每天下午第一节课结束，我就又开始饿了！

我只得忍着"饿"的痛苦。嗯，多喝点水吧，反正学校的开水是无限量供应的。

忍了一个下午，终于可以回家了！下了地铁，我总是要路过"麦当劳"，真是挑战我的极限！

真的好想冲进去抢两个巨无霸吃，可是我没钱！

好想飞奔到家吃饭啊，可是我没力气！

呜呜呜……飘到家后，我要做的第一件事一定是找能吃的东西。什么饼干啊，薯片啊，火腿肠啊……谁还管它们营养不营养？厨房里妈妈在烧饭，什么时候开饭啊？

这就是饥饿的我。

你说，上学是不是一项最好的减肥运动呢？

127

爱弹钢琴的我

王佩文

多一点儿纯真，多一点儿笑

小时候，当爸爸妈妈牵着我的小手，把我领到南京新百钢琴柜台前，我就对钢琴产生了一种莫名的好感。当看见一个比我大不了几岁的小姐姐弹出动听的《小星星奏鸣曲》时，我就哭着闹着，要求爸爸妈妈给我买一架钢琴。

从此，我开始了我的学琴生涯。这年，我五岁。

钢琴，这个极富表现力的乐器，真的给我带来无限的乐趣。从这八十八个黑白琴键中，我感受到了美，并懂得了许多。

上幼儿园时，我还只是个没入门的小琴童，只会弹一些小小的儿歌。每天上完幼儿园，我都会乖乖地坐在琴凳上，弹着我熟悉的儿歌。如果爸爸妈妈给我买了新玩具，我就会弹一首曲子来表达我的高兴。

小学低年级时，功课不紧。写完作业，我总会准时坐在钢琴旁，快乐地弹奏曲子，听着我自己弹出的音乐，我感到愉悦。我打从心底爱上了这神奇的乐器。有一次，学校里搞文艺活动，当我弹完一首《白毛女》时，台下响起了热烈的掌声，我感到自豪。

小学中年级时，我渐渐把钢琴当作我的知心朋友。每当我开心时，我会弹一首曲子，与钢琴分享我的快乐；每当我难过时，我也会弹一首曲子，让琴声安慰我、鼓励我。我会把自己的心里话通过不同的力度、速度向钢琴倾诉，它渐渐成了我的情感世界的最佳伴侣。在钢琴的世界里，我十分陶醉。

我尤其喜欢《天鹅》，每当我弹起《天鹅》，就好像看到了天鹅那娇美的姿态，它们正伸长脖子，挥舞翅膀，围着我翩翩起舞。

随着时光的飞逝，我的文化知识在增长，钢琴带给我更多的思考，也懂得了欣赏音乐。

偶尔弹《红星闪闪放光彩》，我感受到革命烈士们顽强拼搏、不怕牺牲的精神。再弹弹《夕阳箫鼓》，我便一下子看见了那夕阳下的美好景象：碧绿的江水上游着一群小鸭，好一幅优美的风情画！沉浸在《少女的祈祷》里，我仿佛听到来自少女内心发出的对生活、对快乐的向往。再听听《革命》，我真的感受到了"钢琴诗人"肖邦对祖国那真挚的爱——优美而急剧变化的旋律把我领进一个梦幻之乡，让我长久地沉浸，也沉静。再听听《钟》，我理解了时间和生命的珍贵，让我更加珍惜现在的生活。而当我弹起《爱的协奏曲》时，我开始思考什么是爱……

嗯，也许这就是钢琴的魔力吧。好像一杯茶，让你越喝越有味儿，永远品不完。

哦，我爱钢琴。爱钢琴的我真快乐！

爱分享的我

李梦璐

妈妈说，我从小就是一个爱分享的孩子。我想，这除了与生俱来的秉性，也许还因为我对分享的理解吧。

幼时的我不知从何处听来了一句话：爱分享的人是美丽的人。起初也没有多少感悟，只是出于想变得更美丽的想法，让我对"分享"这件事情有独钟。

第一次我有意识的分享是在一个宁静的傍晚。那天，还在上幼儿园的我和我一个很要好的小伙伴在院子里玩沙子。微斜的阳光射入小院，暖暖地照在我们身上，院子里有一种恬静的气息。只有微风拂过树叶的轻轻的"哗哗"声响，伴着我和小伙伴不时发出的欢快的笑声。

多一点儿纯真，多一点儿笑

我和小伙伴坐在地上，双脚叉开，捧起面前的一桶带着阳光香味的沙子，然后，用水盆里的水和上，起劲地揉捏着。尽管捏出的不知道是什么，但我们仍发挥着无穷的想象力尽情地玩耍。

这时，我的母亲下班回家，来后院给我送小点心。这是一块精美的巧克力蛋糕，是蛋糕店里卖的那种从大蛋糕上切下来的扇形的一瓣。然而，母亲只带来了一块——她并不知道我的好朋友也在。

母亲蹲下身对我的小伙伴说："别急，阿姨马上再给你去买一块，好不好？"就在母亲说罢欲返之际，我却笨拙地直接把蛋糕掰开，摇摇晃晃地捧到了小伙伴的面前。小伙伴看到后甜甜地笑开了，伸出双手毫不介意地捧了过去。然后，我们俩互相笑了笑，便开始吃手里的蛋糕。

母亲事后说，她总也忘不了发生在阳光下的那一幕：忘不了我毫不犹豫掰开蛋糕时的模样，总也忘不了阳光下两张灿烂的笑脸……那真是一个她永不会忘记的美丽时刻。尽管蛋糕分得歪歪斜斜，吃完蛋糕后我俩的脸上也都像涂满了泥巴——但她说，这就是纯真的美。

而我的记忆也仅限于那个小院的环境和分蛋糕这件事，不再记得蛋糕的确切模样，也记不起母亲欣慰的脸庞。但妈妈事后说的话，却使我分明记起，那天的蛋糕尝起来真的好甜，好味美……

我想，当时的我也一定是美丽的。

分享是美丽的，这句话也使我受用至今，让我赢得了更多的欢笑与美丽。今天，我把这个故事告诉你，希望你也和我一样，做一个爱分享的人。

一生分享，一生美丽。

爱写作的我

陆念慈

现在的人们，好像总是很着急。

母亲急着带孩子去上各种各样的补习班，说是怕我们输在起跑线；孩子们急着早恋，忘记了我们现在最重要的是要长身体和学习。工作的人急着发财，好像只有有钱才是成功；姑娘们急着学习化妆，好像遮住了自己的脸才叫美丽……还有很多人急于表达自己的看法，以至于现在很少有人去倾听。

快、快、快，不生活在快节奏中，就是落伍。

我是一个慢性子。在这一片喧嚣中，我时常来不及表达，就被人拉下了。

所以我喜欢写作。写作，在喧闹的城市中还给了我一处净土。无论遇到什么，都可以向纸张倾诉。我或许没有读者，但我的纸它不管我说什么话，一概照收不误。

写作，比说话来得更加郑重。

说出去的话收不回，写下来的字却不是。写作可以让我静心，逐字敲定我究竟想表达什么；也让我的幻想和回忆，可以保存。

其实，生活比小说更加戏剧化，你可以动动笔把多彩的生活记录下来，这是时间赐予人类的一瓶精神的酒。

好比小时候，我郑重地写下的那些字迹歪歪扭扭的日记，那些幼稚的事情和感觉，在现在看来是多么有趣啊！我有时候翻翻以前写的文字，会把从前哭着想的事情笑着回忆出来，在文字里，我看见了自己的成长。

啊，成长，是每个人只有一次的体验，让我们用笔尖去保存它吧。

每天，我都愿提笔，不拘写什么，至少留下些什么。

热爱写作吧，用写作超度你的灵魂。

从此，我不再寂寞，提笔，我亦可对你诉说……

我的第一张奖状

许梦瑶

在我的卧室里，一切都是爸妈布置的，只有墙上的一张奖状，是我再三要求挂上的，那是我的第一张奖状。

那是我参加区绘画比赛得到的。

比赛分两次，经过之前的一些练习，我对自己的水平比较自信，并未因没进行过专业学习而丧失信心。可这种感觉在第一次比赛时就消失了，让我有了前所未有的压力——我发现高手如云，我在专业方面与大家差距原来这么大！这压力使我对比赛不再自信，而转为了忧虑。

那时我上中班，别的同学都至少有一门才艺在学习。而我呢，去少年宫转了两圈后，正式向爸妈宣布："我一样也不想学！"于是，周末大部分同学都在奔赴各个才艺班时，我却在家中瞎玩。有一次，我接触到了神奇的画笔，并深深迷上了它。于是，我的大部分时间都花在了画画上，而这也使我在班上的绘画成绩名列前茅。现在，我终于得到了一次展示自己的机会——区绘画比赛！可因为自认为成绩不错，所以并未当回事……

……现在我该怎么办？妈妈的抱怨声传来："叫你之前好好练，看现在怎么办！"

怎么办？看来只能恶补了！转眼间，第二次比赛就在眼前了！可即使我再加练习，我依旧没有太大进步，反而因为紧张而在练习中一次不如一次。我想：不行就算了吧，现在赶已经赶不上了，只会浪费时间。可这些天的努力又让我心有不甘，毕竟准备了这么久！

我的心中在斗争，究竟去不去？时间并没有停下来等我，父母和老师仍在耐心教我，陪我练习。想着他们和我这么久的付出，我最终决定奋力一试，不管结果如何，至少不会留有遗憾。

终于，到了比赛那天，老师和父母都安慰我不要紧张，这使我心中踏实了许多。

比赛是要求临摹一张画。而那天，我发挥得出奇的好，画笔仿佛有了灵性，将每一个细节都勾勒得栩栩如生，最终拿到了区二等奖。

这是我的第一张奖状。它并不大，黄色的纸，没有什么特别的装饰，只是那大大的名字和"二等奖"格外引人注目，提醒我它的来之不易，我也为当初没有放弃而庆幸。

从此以后，我做任何事，只要一想放弃，就总会想到并去看看那一直挂在我房间墙上的小奖状。它使我坚持下去，也因此获得了更多的奖状。

我的第一张奖状，我会永远把它挂在墙上，散发金色光芒。

多一点儿纯真，多一点儿笑

我的第一个书包

甘天其

我的第一个书包是在七岁时有的。

在上幼儿园时，我每天无论带些什么东西都是奶奶用一个袋子装着拎过去，而别的小朋友都是背着各式各样的小书包。于是我好几次向爸妈提出要书包，尽管我软磨硬泡，可都被他们以"你不爱惜东西"为由拒绝了。

在我七岁生日那天，妈妈神秘地给了我一个大袋子。我打开一看，是一只黑色的书包，正面是做成奥特曼打怪兽的造型，我十分高兴。妈妈告诉我："这个书包可不是一个摆设，这是上小学以后你装书用的。"当时我只顾着欣赏这个书包，根本没在乎妈妈说的话，只是"嗯"了一声，便高兴地离开了。

上小学后，我每天背着这个书包早出晚归。没过几天就买了一大堆贴画，然后将贴画贴在书包上，书包上原有的图案被我的贴画掩埋了。

第二年暑假，妈妈把书包上的贴画全撕了下来，原有的图案上多了很多黄色的斑，是胶粘得太久了，变了色。之后妈妈将我教训了一顿，说："这个书包不是给你在别人面前炫耀的，这是让你装书的。"

三年级，我的书包被两个同学把双肩背带拉断了。我哭着去找老师评理，没想到老师竟然将我的这件事抛之脑后。回家后，我向妈妈哭诉。妈妈向那两位同学的家长提出了道歉的要求，那两位同学的家长也很明理，让那两位同学向我道了歉。当天晚上，妈妈给我买了一个新书包，但我仍放不下那个旧书包。

我对我的第一个书包记忆犹新，它封存着我童年的记忆，也教给我很多。它让我知道做人最重要的不是为了让别人羡慕而花钱，而应该在该读书的时候好好充实自己。

书包是用来装书的；而人的价值，也是看你的脑袋里装了多少有用的东西。

我的第一部手机

尚佳豪

我的第一部手机是在小学三年级拥有的。

这部手机不是现在的智能触摸屏手机，而是所谓的"老年机"！没错，我的第一部手机就是在智能触摸屏手机刚出来时，妈妈淘汰给我的。不过，不管怎么说，从那时起，我就是全班唯一拥有手机的人，为此我还得意了好久。

我的这部手机是诺基亚，当时还算不错的哦！它主体是黑色的，银灰色的边框，按键还会发光。背壳上有一个摄像镜头，虽然拍出的照片像素不高，但是毕竟我可以随时拍出照片啊！

多一点儿纯真，多一点儿笑

于是，我不再记作业，每天用手机拍下来，可省事了。同学们都羡慕死了！

记得有一次周三下午有足球社团课，我和小伙伴们踢完一场球赛，便一起去饮水机拿水喝。喝完水，正无聊，我突然觉得玩一会儿手机这个主意看起来很不错，也可借此休息。于是我拿出手机，和我最好朋友一起玩。我打开手机从网上下载了三个不知道要不要钱的游戏，接着我们毫不犹豫地玩了起来。我们玩得正开心时，老师来了。她对我们说上课严禁玩手机，并且毫不留情地没收了。我很难过，也很害怕，在彷徨中度过了一下午。直到我妈妈被叫来了学校，我的手机才得以回到我的手里。后来，我再也没在课间休息时偷偷玩手机。

渐渐地，随着时间的流逝，我们班很多同学都有了手机。大多是家长淘汰的"老年机"，不过也有些同学用上了智能手机。每到春游、秋游，用手机拍照就成了我们最喜欢的节目。此外，当然是用手机听歌和玩游戏啦。

我的这部手机记录着童年的美好时光。还记得我第一次用手机拍照记作业，我费了好半天的功夫，才把手机的拍照功能研究明白。

现在，这部存着我美好记忆的手机已经没用了，因为它坏啦！我当时想修，去专卖店问了才知道主板坏了，修好了照片等信息也没有了。于是我就没修它，一直把它放在我的床头柜里。

直到现在，我只要一看到它，童年美好的回忆就会浮现在我的脑海。

学着微笑

成 果

我不喜欢一个人，却总是一个人。

放学了，我又是一个人去坐地铁。

地铁真是一个奇妙的东西，穿过长长的黑色地下，把忙碌的白领送入高楼大厦，把背着书包的学童送进各色补习班的大门。把我，送进来来往往的陌生人群中。

站在站台上，前方的玻璃门折射出每一个身影，都是三五结伴的。只有我一个人的影子在玻璃门上，显得很突兀。在我看来，仿佛与世隔绝，孤孤单单。

我一直都认为女声比男声好听，但地铁站内的报站声响起，却不知为何在温柔中透着冷漠。英语发音如同机械一般精准，一字一句不差分毫，却因为没有感情而显得如同冰冷的机器。

一阵凉风从黑暗中吹过，吹过脸颊，让有些闷热的地铁站有了一丝的清凉。风吹过，就带来了长长的列车。

通过玻璃看向车内的人群，如同照镜子一样，看到和自己一样面无表情，神情麻木的人。门开了，快步走出一群低着头，塞着耳机的人；又挤进一群同样的人。我随着人流走进了车厢，靠在一端的门上，因为百般无聊而看着车内的每一个人。我看见有母亲在斥责自己

多一点儿纯真，多一点儿笑

的孩子，我看见有人跷着腿悠闲地翻动着手中的报纸……有人仰头睡觉，有人低头沉思，更多的是低头玩手机却不屑于与身边的人对视一眼。

我一下子好想拥有读心术，能看看这些人在想什么，快乐或忧郁。

出了地铁，我走回大街上，周围走过的也都是冷漠的人。我不懂，也不明白为什么。也许是因为城市高楼大厦太多、太坚固，所以人的心慢慢变得如同钢筋一般，是坚硬的、冰冷的。我一直认为曾经的四合院，从前的青瓦房比如今的钢筋水泥更适合居住。因为那时候人与人是亲密的，一打开门，是邻居之间的笑声和问候。而如今居住在一层楼内，有些几年都不会认识彼此吧。防盗门防的是小偷，但久而久之，人类之间交流问候的心也被挡在了外面。

学会笑一笑吧，冷眼对人并不是一种酷的表现；融化内心的那一层冰吧，心与心之间没有隔阂的交流，世界才会达到真正的和谐。

138

给自己一个微笑

庞寓哲

"我愿意做一株向阳花，即使流泪也要面向太阳，寻找最坚强的理由，让自己永远微笑。"

在有些人眼中，生活是一成不变、枯燥无味的。不小心摔倒是倒霉，考试是老师折磨学生的手段……他们的脸上挂着失落与痛苦。可在有些人眼中，生活是多姿多彩、新奇有趣的，失败可以增加经验，困难可以磨炼意志，他们的脸上洋溢着快乐与满足，时常送给自己一个舒心的微笑。

考试，无疑是我作为学生最关注的一件事。而在那么多考试中，印象最深刻的是一朵盛开的微笑帮助了我渡过难关。

那天是期末考试。记得发卷子时，我先望了望左边的王晴同学，她笑着对我做了一个"OK"的手势，我也报以友好的微笑。我又望了望右边的小安同学，只见他皱眉猛喝了一口水，一副"壮士一去不复返"的悲痛模样。我忍住笑意，轻轻拿出一个笑脸贴画贴在铅笔盒上，这个是送给自己的微笑。考试过程中，一旦遇到难题，我就看几眼这个笑脸，并且鼓励自己：静下心，努力思考，加油！

前面很顺利，到最后一题时，我却卡了壳。草稿纸上，我算了一遍又一遍，还是不对！明明只是一道题，我却已经算出了四个答案！我的额头上也满是汗，而时间，就快要到交卷了。

我用力按压太阳穴，强迫自己静下心来。这时，我感到左边有一道目光一直向着我。我转头看去，原来是王晴。她看见我朝她望去，马上绽开一个笑容，然后，指了指我铅笔盒上的贴画。

心里暖暖的，我回了她一个微笑。然后再次拿起卷子仔细读题，一边读一边圈出要点。忽然，我发现了一个之前一直忽略的提示。我的心一震，拿起笔刷刷地又算了一遍……

于是，就凭着一个微笑，难题迎刃而解。

是啊，一个良好的心态对考试是很有帮助的；其实天下所有的事也是如此啊！

一个著名的经济学家说，他宁愿雇佣一个小学未毕业的职员——如果他有可爱的微笑；而不愿雇佣一个虽博学多才但表情冷漠的人。

是的，我愿做一株向阳花，即使流泪也要面带微笑。一味地烦恼、抱怨，又能给我们带来什么呢？发自内心的微笑可以使自己心情

多一点儿纯真，多一点儿笑

舒畅，一个积极乐观的心态才可能去战胜困难。

扬起笑脸，把影子藏在身后，送自己一个真诚的微笑！

一株蒲公英

樊　华

那是一株蒲公英，它生长在旧操场的一隅。

说来也奇怪，蒲公英的花期是3月到8月，花谢之后就生出了白绒绒的种子。可这株蒲公英，天生就比其他同伴慢了一步，直到九月还未开花。而这样一株蒲公英，被我发现了……

最近几天，都是晴天，可我一直待在教室里，不愿出去。我的座位旁边正好没窗户，阳光自然也就照不到我，我的心情犹如沉在谷底——几个被赋予厚望的尖子生在不停超越我；每天早起晚睡的劳累；没有知己的孤独……这些心思将阳光带到了离我更远的地方。

又到周末，我暂时撇开作业，走进了那个旧操场。

走到操场的一隅，我坐下沉思。无意中发现，这里有一株蒲公英，才开出一朵皱巴巴的小黄花。虽然它努力在秋风中生长着，但十月已到，寒风很快就会将它摧毁。

我望了望别处，其他蒲公英早已将雪白的种子送入风中，让它们自己找到泥土安家。而这一株，是被同伴们落下的？是掉队的？无人在意，它却仍执着着生命的行程。

我望着这株蒲公英，在心里问道：为什么坚持？你已被同伴遗忘！蒲公英不语，黄色的花瓣只是在风中摇摆，就好像在独自微笑。

在星期日返校的傍晚，我又去看望了那株蒲公英——天气预报说明天就要变天了。谁知，那蒲公英居然已经生出了白绒绒的种子！我惊讶极了，它在短短两天里，在寒风来临之前，完成了生命的最后一程的工作！

一阵风吹来，一个个白色的降落伞飞向天空，它们微笑着看着我，越飞越远。那一瞬间，仿佛也有一个个白色的绒絮，随着一缕轻风飘进我的心中。望着它们飘去的方向，我也不禁微笑起来……

从那天起，我有了改变。

周一到班，调座位了。而我的那排，刚好够得着窗外的光！早起、晚睡，每天都困倦不已。但转念想想，又嘴角一扬，得意地笑起来——班上有几个人能像我这样因为住校而省下了上下学的一个多小时？晚自习结束走出教室，夜幕中的校园别有一种白天没有的清幽之美！至于其他不顺心的事，努力给自己一个微笑。快不快乐，是我自己的权力！

141

下一节体育课，我打算再去看看那株蒲公英。就算它已凋零，可是，它毕竟是告诉我微笑这一秘诀的小精灵。

给自己一个微笑，给困难一个微笑，阳光自然会落在你身上，困难也会顷刻崩倒！

多一点儿纯真，多一点儿笑

肖雯妍

在这栋楼里，我是年纪最大的。看着邻居上幼儿园的弟弟妹妹们在楼梯上跑来跑去，比画一下，我的身高是他们的两倍。

星期天，楼下小区广场上开展了一系列的社区活动。隔着窗户，便能看到孩子们活泼快乐的身影。一群小朋友当中，好几个是我们这栋楼的，其中有一个女孩叫茜茜，最喜欢跟我说话。他们在楼下自在地玩耍着，正朝着拿话筒的主持人要气球。

我原本埋头写着作业，可耳朵里满是他们的欢声笑语，脑海里尽是他们的笑脸。不禁想，他们真幸福，他们还生活在童年里，还生活在快乐里。

翻了翻作业本，作业做得也差不多了。算了，就小小地休息一下吧，我给自己找着了理由。于是，端来一杯果汁，我趴在阳台上，发了一小会儿呆。孩子们中眼尖的一个看到我，向我挥了挥手。其他的也看到了我，时不时地朝我笑一笑，做两个鬼脸，以示友好。我当然也回给他们一个微笑或是挥一下手，扮一个鬼脸。

楼下的活动继续，现在正在邀请小朋友上台做游戏。他们全部跑上台，一个个两眼放光，喜笑颜开，激动不已。游戏规则是自己按顺序念：一只青蛙一张嘴，两只眼睛四条腿……一直说下去，看谁能说的最多。我饶有兴趣地看着他们，不时情不自禁地笑出声来。

轮到茜茜了，我放下手中的玻璃杯，专注地看着。茜茜眨巴着她那水灵灵的大眼睛，用手抓着小辫子，先是皱了皱眉头，随后边思考着边说："嗯……一只青蛙一张嘴，两只眼睛四条腿……七只青蛙七张嘴，十四只眼睛……嗯……二十……二十八条腿！"主持人宣布茜茜获胜，她是说出正确答案最多的。"耶——"旁边的小伙伴们都为茜茜喝彩，他们兴奋不已，拍着手，兴高采烈的，就像是自己答对了一样高兴。

这一刻，我觉得，这帮小孩子真的好纯真啊！他们好快乐，好幸福！他们真是好样的，他们并没有自私地希望别人失败，多么让人欣慰。他们真棒！

慢悠悠地走回房间，我的脑海里浮现出许多我自己的美好的童年回忆。

每个人在童年的时候，都是那么纯真、可爱，心中没有太多杂念。那是一种思想的纯洁，就叫"赤子之心"。

143

曾经，我的童年也是如此，因为纯真，所以欢乐。虽然已经过去了，却更加的珍贵。

让我们多一点儿纯真吧，也多一点儿欢笑，去书写人生更美的篇章！

多一点儿纯真，多一点儿笑

网

张 瑞

　　一道铁丝网，把世界分成了两半，把我的思绪也分成了两半……

　　学校的最南边角落，有一个由铁丝网围起来的小房子。刚进校，我便意外地发现了它。从此，它便成了我朝思暮想的对象。

　　阳光穿透树叶，把铁丝网照得闪闪发亮。也把这个神秘的小屋，蒙了一层薄薄的纱。

　　网，只能允许我的视线穿过，而阻挡了其他的一切。

　　终于有一天，那个铁丝网不知怎么的，从中间破了个洞。我的心思，一下涌了进去。

　　我情不自禁地穿过那个破洞，走了进去，打开了幻想了三年的小房间。

　　握住冰冷的把手，想到马上就能知道这朝思暮想了三年的秘密，心里不禁有些激动。"吱——"转动把手，或许是荒废太久的缘故吧，把手已经有些不太好使了。

　　门，轻轻地开启了……

　　或许是一个充满了宝藏的地方？又或许，这是外星人来到地球的门？又或许，这是我们这个三维空间真正的秘密？许多奇奇怪怪，在三年内所有的幻想，都在这一刻在脑子里一一浮现。

"啪！"一股霉味立刻充斥了我整个鼻腔。"咳、咳、咳……"赶紧跑到外面咳了几声，我就又捏着鼻子走了进去。

缓缓地睁开眼，才发现这个房间真正的秘密：

不过是一个十几平方米的杂物房而已。扫帚搭在墙角，底下结出了密密麻麻的蜘蛛网。储物柜也很久都没有用过了，有的开着抽屉，抽屉里也尽是废纸。隔着老远，轻轻地吹一下，才发现这早已是尘土和小虫子的天堂。

我慌慌张张地跑出了小房间。看到的最后一眼，是一个早已报废的灯泡……

看到我狼狈地跑出来，两个替我把风的好朋友哈哈大笑："你看，我们就说一定没啥看头！哈哈，好奇害死猫啊！"

我恍然，是那道网诱惑了我，还是我的那些不切实际的幻想害了我呢？

我甩甩头，下定决心："走，回教室背书去，下节课还要测验呢！"

145

纸 飞 机

张松洁

一张纸在不同的人眼里是不同的。

大人眼里，它是工作用的稿纸、打印纸。

学生眼里，它是写作业用的练习纸、试卷。

孩子眼里，它却是承载着幻想的魔毯。

刚上小学时，奶奶教会了我折纸飞机，看那张轻盈的纸只是换了个姿势，就能在空中飞舞时，我不由地问：它会飞到哪里呢？奶奶说，告诉它目的地，它就会飞向那里！

从此，我每次折纸飞机，都会学着奶奶的样子，对着飞机的尖端哈一口气，小声地告诉它目的地，闭上眼想象着它飞翔的姿态、方向，以及从它身下匆匆掠过的楼房、绿地……

我渐渐长大，却还是对纸飞机充满着喜爱。那时的我喜欢在纸上写下一些心愿，比如：一根棒棒糖，考试一百分，一套芭比娃娃……用稚嫩的笔触写下小小的心愿，呵一口气算作是祝福，依旧想象它是遨游在湛蓝天空中的希望之舟。

现在，再次拿起纸，折出与儿时一样的纸飞机，在机翼的反面写道："你若安好，便是晴天。"谨以此祝福我所有的亲人、朋友、老师。

看着纸飞机在空中滑行、盘旋，又呼地被一阵风吹起来，滑行、盘旋……

我目送着它在风中渐渐远去，看着它滑过碧蓝的天幕，滑过青翠的树影，滑过色彩不一的楼群……我不知道它将降落在何处，也不知道降落后它的命运会如何。这一只满载着祝福与希望的精灵，原也不过是一张纸；但或许，它会有幸被有心人拾起、珍藏……

纸飞机，是我心中的希望、梦想的代名词。儿时的幻想早已泯灭，但美好的希望却永驻在我心间……

剪　　纸

吴雨薇

晚上，我随意翻开一本杂志，突然眼前一亮。一幅剪纸闪着耀眼的光芒映入我眼帘：剪工精致，画面生动，无可挑剔。

上面剪着一位古代的公主。瓜子脸，一双清秀的眼睛，配着一弯微微上扬的眉毛，脸上镶嵌着一张小巧玲珑的嘴，给人的总体感觉是很秀美。公主身穿着镂空的拖地纱裙，裙中隐隐约约透着她那修长的美腿，很有立体感。

只见她侧身坐在四方桌前，桌面铺着毛绒毯。她右手托着弧线迷人的下巴，纤细的左手微微翘着兰花指，正在掀起《诗经》的一页。她很陶醉地品味着，嘴角带着甜美的微笑，似乎在用柔美又害羞的语气轻声吟诵。她的头向右侧摇摆，发髻上的那些精致小巧的珠饰也仿佛跟着摆动起来，发出悦耳的美妙声音……

我不禁赞叹，真是惟妙惟肖啊！

我继续细细欣赏。四方桌旁边的树藤上爬满喇叭花。或大或小的花朵映衬着公主的脸庞，显得更加美丽逼真。

一把普普通通的剪刀，一张平平常常的彩纸，为何能剪出如此形象逼真的画面，如此引人入胜的情境呢？

我无比惊叹我们祖国的古老剪纸艺术，真是巧夺天工，无与伦比。

多一点儿纯真，多一点儿笑

那 双 雨 鞋

唐诗琪

云梢衔不住雨，就算有了阳光，还不时飞落下几滴。地上是清清的积水，薄薄一层湿润地伏在草叶儿上。空气中满是雨霁的晴朗味。

每到这时，不论仲夏初春，我都会按捺不住飞起的心，拎起一把小伞，穿上雨鞋。

四岁，我穿着心爱的小雨鞋在水中"嗒嗒"地走着。红色的胶皮雨鞋像打火机的火苗一样不安分，踩着划着踩着跳着，想方设法溅起更多水花。

这时要是又飘起雨，刮点风，我的伞也许就会被吹走，歪歪斜斜地躺在一旁。我也不管它，继续在积水里疯着。身上湿了，笑容也湿了，但嘴巴却越咧越大，哪有水往哪走。好几次看爸爸走在前面，我狠狠地向水里一跳，腾起一袭水，爸爸也被劈头盖脸地砸到了。

……小时候，我似乎特别亲水。有了那红红的小雨鞋，我仿佛就天不怕地不怕了。泥地旁的水并不清澈，黄黄的，仿佛马蹄刚刚踩踏过去，水就有了一种不安的气质。这时，我就会慢慢地蹚着水玩儿，想象自己是正在无声无息地蹚过黄河或大江的一叶小舟。红雨鞋是我心爱的小船，蹚水时的波是船头激起的浪。

蹚着蹚着，就蹚过了老房子，趟过了日日夜夜被秃枝划得纷乱的天，趟过了爱疯爱闹的年纪。

那每次在雨天保护我出门的小雨鞋，被洗得干干净净，还是红红的，亮亮的。现在拿出来，真的是太小太小了，只有我一巴掌大的鞋底，却陪我蹚过人生的第一条水洼。

柔软的是曾经泡在水中的乐趣，不褪色的是和它一起走过的风景。

云梢衔住了雨，还是没有阳光。雨雾，却是阴天。草叶儿上的水珠笑出一个弧度，没进土里去了。雨雾散尽，一切清晰，风里还藏着草腥气。

我会绕水走了，现在。但脚还是忘不了触觉的记忆。没有了雨鞋，我再也蹚不过积水的天地了。

第一次真好

樊　华

精彩的生命从何而来？

只需睁开双眸，敞开心扉，以及记住每个第一次。

今年春天，我第一次养起了花。那是一盆牵牛花，我每天给它浇水、松土。不经意间，它居然在一个初夏的早晨开出了一朵花！这是我第一次看到在自己的双手培育下开出的花朵！

我仔细地观察这朵花：它像真的喇叭一样，由内而外咧开嘴，吹出了召唤生命的音乐。果然，随后几天内，其他喇叭花像得到了召唤似的，一个个地张开了笑脸。于是，我的花盆里便开满了牵牛花。它们像一群小精灵，互相映衬，互相赞美，用最美的色彩为我绽放。

　　第一次看到自己创造出如此可爱如此多的小生灵，我心中充满了惊喜与兴奋。

　　今年暑假，我坐火车到外地游玩。就在火车上，我第一次注意窗外的天空：云朵层层叠叠，有深有浅。阳光如透明的水色绸缎，透过一层层厚实饱满的云朵，轻轻地抛下来。天空水蓝水蓝的，似乎能摸得到。白云悠闲地在天空中，没有忧虑，自由自在地飘呀、飘呀。

　　我头一次感受到天空有如此之大的魅力，它让我把心也放飞到了云层之上，在那里无忧无虑地翱翔。

　　我们一家三口外出旅行，我的牵牛花没了人照顾。等我回来时，却意外地发现虽然它的大部分茎叶已经枯萎了，但它仍在奋斗，甚至开着一朵美丽的花。这是我第一次如此真切地感受到生命顽强的美丽。

　　想要精彩的生命吗？很简单，只需睁大眼睛，敞开心扉，用心感受第一次，享受第一次。你就会发现——第一次真好。

150

我后悔了

周若宇

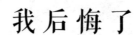

　　那是一个夏天，一个风和日丽，晴空万里的夏天。哪一天，我和我的小表弟来到了江心洲。

这里真是漂亮！处处鸟语花香，生机勃勃。我们背着塞满零食的背包，找着一处有树荫的地方坐了下来。花草树木似乎也知道我们来了，在风儿的鼓动下，唱着歌儿，跳着舞蹈，好不活泼热闹！

因为是下午，太阳火辣辣的，我们只能在树荫下玩。看看小人书，编几个花环，爬爬树，也已经高兴地不亦乐乎。

这时，我看到了一只很大很大的蚱蜢！

这只蚱蜢大约有我手指那么长，浑身翠绿，非常漂亮，在城市很难见到。它好像正在吃草。听说蚱蜢是害虫——我想，这么大的害虫，留着它做什么？只不过是外表可爱，迷惑你罢了！

我撅着屁股，定神细视，想扑住它。没想到这大家伙轻快敏捷，一下子就飞到了树后面。

"跟我斗？"我不甘心，硬是跑到树后把它揪了出来。这时，蚱蜢就像是一个无辜的孩子，翠绿的眼球一动一动，小小的嘴巴好像在说着什么。

"是不是想让我放过你？"我对他说，"没门儿！今天我就代表月亮消灭你！"于是，我扯下它的一条前腿，把它扔到地上。令我意外的是，它竟然还在向前爬！

我不会因为这样就善罢甘休，继续扯下它的另一条前腿。可它没有停止，仍然一点一点往前爬。与此同时，它的胸前涌出了黏黏的绿色的液体。真恶心！

我虽然很震惊，却又扯下它的一条后腿。这时，它应该是使出了最后的力气张开翅膀飞了起来；然而，飞到半空中又掉了下来，接着就一动不动了……

它是在等待死亡的来临？任太阳把它晒干，还是一群蚂蚁就把它拖回巢去？

不知为什么，我忽然有些后悔：它真的是害虫吗？即使是，我的行为似乎也太残忍了。

多一点儿纯真，多一点儿笑

天快黑了，我蹲在那儿看着它的尸体，心，久久不能平静。一种莫名的辛酸，是为我的残忍而后悔，也是为蚱蜢的执着而感动。

那一天，我第一次为了一只昆虫而难过……

冬日的感动

李 甜

每到深秋时节，我便期盼着冬的到来。

冬，不如春妩媚，不像夏妖娆，更不比秋多情，可我，却偏爱这银装素裹的冬。

冬，虽然是百花凋零、寒气逼人的季节，但它总能给我们带来另一番独特的风味。

在这个季节里，许多树木都只有光秃秃的树干。唯独那雪松不畏严寒，昂首屹立在风雪之中，是那么翠绿，那么挺拔。

也许，压抑了太久，雪花们获得了自由，就纷纷扬扬地飘落下来。窗外，成了雪的世界，到处白雪皑皑。雪，像洁白的棉花，像轻柔的柳絮。我在雪中漫步，房屋盖上了厚厚的棉被，屋檐上还有透明的"水晶"。河水清清，山村皑皑，没有浑浊，没有污秽。

来自遥远世界的白色精灵，带着它们的冰肌玉骨，把那些缠绵的情愫，深邃的机智，送给人间，带给大地。雪到哪里，哪里就留下诗一般的痕迹。大地是如此的纯洁，如此的光亮，没有一处污秽。

向树林的深处迈进，我的眼前突然一亮："那是什么？"

天哪，在这寒冷的冬季，还开着一树梅花。并不茂盛，有的枝条上仅仅只有一朵。梅花在隆冬时节吐露出它那嫩黄的朵儿，散发出淡淡的沁人心脾的芳香。我敬佩——在这酷寒的季节，梅花竟然能绽放，还绽放得这样娇艳，不正应验了那首诗么？"墙角树枝梅，凌寒独自开。遥知不是雪，为有暗香来。"

雪松依旧挺立着，梅花不屈地抗争着。它们为什么能在这么恶劣的环境下生存？源于它们有顽强的精神，坚韧不拔的意志，它们有一个信念：一定要战胜自我，在严冬绽放。

是啊，我们不也应该这样么？要学习雪松、梅花，拥有不屈不挠的抗争精神，树立一个目标、一个信念，努力地完成。

人生路上不可能一帆风顺，难免有磕磕绊绊，重要的是如何去面对。成功总是垂青于有准备的人："宝剑锋从磨砺出，梅花香自苦寒来。"

冬天带来了纯白无瑕的雪花，聚碎玉之灵气，裹圣水之香魂，和着寒风，踏着韵律飞临人间，给大地带来了清新的气息……

153

冬天到了，春天还会远吗？

春天，毕竟是春天

李卓远

知道我喜欢吃小西红柿，父亲买来了种子，准备在自家的院子里种起来。

春分时节，父亲将一粒粒精心挑选的种子种进了土壤。和煦的春风轻柔地吹着，清新的春雨一场又一场地洒下，那些新生命好似被赋予了魔力，一个个探出了小脑袋，拼了命地往下扎根，往上长。

晚饭后，父亲总爱领着我们一家人欣赏他的"成果"。他用尺子一棵苗一棵苗地量，甚至还兴奋地在微信朋友圈里发照片并写道："今天我的小西红柿又长了2毫米。"过了几周，父亲小心地将那些苗分了盆，为了让它们有更多的生长空间。他自豪地对我说："这盆是结果给你吃的，那盆是给你妈带到办公室观赏的，还有一盆是给爷爷奶奶送去的。"我望着父亲满足的笑容，脑海里浮现一个个小西红柿挂满枝头的情景。

可这春天也是怪啊，怎么说降温就降得这么厉害。一夜下来，小西红柿一下子打了蔫，那前几天还神气活现的苗，好似被人硬生生掐死了一般，无力地趴在土上，连父亲一向最得意的要送给母亲的那盆，叶子也卷了。望着满院的"狼藉"，父亲猛地一怔，像被抽走了灵魂般绝望，双目呆滞，嘴里念着："完了，完了！"

"呀，这苗是怎么了，是冻坏了吧？"我和母亲也来到了院子里。察觉我们来了，父亲转过身。我与他眼里都是绝望，在目光对视的刹那，他猛地回避了，脸上的沮丧也被他藏得无影无踪。他强打起精神，扬了扬嘴角，说："没事的，过几天暖和了，它们就能起死回生了，毕竟是春天了！"

父亲深知，他是家庭的主心骨。谁都能表现出绝望无助，但他不能，他得忍。只有他坚强，我们心里才有希望。

从那天起，父亲一回家就进院子忙碌，晚上还在电脑上搜寻有关种植的资料，他还不时地做着笔记。每天早晨一大早起床，在上班前给小西红柿挪个最好的位置，让它们少吹些寒风，多晒点太阳。他甚至用上了量筒、电子秤，严格按书上写的量给那些苗浇水，施肥，几乎精确到一滴一克。

一天中午，我因为拿书，从学校回到家。只见父亲正在院子里搬着花盆，那一盆盆沉重的泥土似他沉甸甸的希望，压得他直不起腰。他吃力地抬起头，看着前方的路。在他那双手紧捧着的小西红柿苗上，我仿佛看到了自己的影子。

春天毕竟是春天。寒流终于过去，又迎来一阵暖风。小西红柿们在父亲的精心呵护下真的起死回生了！望着它们一天天茁壮成长，父亲欣慰地笑了，那笑容是见我考试得了好成绩才有的啊！

春天，毕竟是春天，她如同一位博爱的母亲，不敢辜负每一份对自己孩子最悉心的呵护！

丑小鸭的感动

龚奕潼

来到这个世界，你就必须面临成长。当你牙牙学语，当你喊出第一声"妈妈"；当你第一次学会系鞋带，扣纽扣；当你第一次背上小书包，第一次拔牙；当你第一次拿回奖状，第一次被老师训……你不断地成长着。

我第一次跨入幼儿园的门槛，我哭了，抱着妈妈的手不让她离开。在妈妈一句句哄骗后，我才一步三回头地来到教室，还望着妈妈在校门口外的身影。

我第一次跨入小学的大门，我笑了。妈妈在教室拖住我不让我来回走动，而我却一声声催促她离开。妈妈终于安静地走出了教室，到

多一点儿纯真，多一点儿笑

校门外等我；而我却不知道，与新同学们玩得很开心。

这就是成长，很多时候我们自己都没有意识到。

成长是残酷的，当你曾经喜爱的衣服已经穿不下时，当你亲手折的纸飞机已经在废旧报纸堆中时，当你过去最好的伙伴的面孔在记忆中一点一点模糊时，当你拥有的东西已被取代时……你也许不舍，却只能向前走。

丑小鸭的成长让她成了一只美丽的天鹅，她的成长是苦尽甘来。

埃里克的成长是他对毕业的不舍，他的成长是每一个人给予的爱的教育。

英子的成长是爸爸落下的花儿，她的成长是责任与义务。

小弗朗士的成长是敲响内心的钟声，他的成长是爱国与理解。

保尔的成长是用笔铸成武器，他的成长是钢铁的意志。

而我们的成长终究不像书中那样可以一笔概括，用一句话来诉说成长实在过于肤浅。成长不是衣物，穿不下了能再买。成长不是纸飞机，坏了可以再折。成长终究不是一样呼之即来，挥之即去之物，它寄生于你，控制由你自己。

孩子的成长是长大，而大人的成长在某种意义上是衰老。

很小的时候，奶奶总是会拉着我的手牵着我过马路，我总是可以记得我的淘气和奶奶的担心。

现在我慢慢长得比奶奶高了。有一次过马路的时候，她还是像以往那样左顾右盼，再拉着我的手过去。其实，现在的我已经长大了，可是奶奶的习惯还是没有变。

今天下午，我陪奶奶去菜场。过马路时，我看着她伸出的手，微微一笑，握住她的手："奶奶，我来搀你吧！"

成　长

夏艺庭

清晨，我忙着梳头，有意无意间，瞥着镜子中的自己：中等个头，身着母亲给我做的睡衣，脸上是自信的神气。我长大了，不再是从前那个固执娇气的我了。

长大需要证明。

回忆过去，记忆定格在那一刻：

双腿发酸，我一瘸一拐地走在路上，脚步一轻一重。拍了拍身上的尘土，重重地叹了一口气。好想把身体的一切抽空，舒舒服服地躺到长椅上。我调整一口气，蹑手蹑脚地走上楼，似一只狼狈的小兽。轻轻解开门锁，放下背包，有气无力地喊道："妈，我回来了！"

厨房飘来糖醋排骨的香气，让我一下舒心了许多。老妈放下手中的大勺，撒了少许盐，又挑起大勺，继续炒起来。

"洗洗手，快吃饭了！"老妈命令到，我利索地洗好手，掩饰着擦伤的胳膊，又一瘸一拐地走回客厅。看着我异常的样子，老妈皱了皱眉，半开玩笑地说：

"怎么啦，掉沟里头啦？"她的声音与油炸声混在了一起。我不知所措，抓耳挠腮，苦笑起来，随便敷衍了一下。

"路上与一个骑三轮车的撞上了，擦伤了腿。到家上楼的时候又

多一点儿纯真，多一点儿笑

扭着了。"我故作镇定，慢慢帮忙摆放碗筷，担心却如同小鹿乱撞。

我瞄了一眼老妈。她没有看我，仍然翻过着锅里的青椒和鸡蛋；但我可以看出她刚才玩笑中的担心此时淡去了许多。我情不自禁地叹了口气，紧绷的心也松懈了下来，拍拍胸口安慰自己。

老妈端来色泽诱人的菜肴："以后可要小心了，不要弄得断胳膊断腿的。"话说得有点儿狠，但我心里却很暖很暖，仿佛喝了一杯热牛奶，暖遍全身。

我低下头，不让老妈看见我的脸，偷偷笑了：这是骗过了老妈么？

我长大了，学会了隐瞒。

其实，有时隐瞒并不虚伪，也不可耻。很多时候，隐瞒是善意的，是美好的，学会隐瞒是一种成长的方式。

158

童年已逝

何文惠

12岁，如花似玉的年纪，走过了我人生中的第一轮。最盎然的一朵青春之花悄然绽放。

可我们却忽略了那从儿童变成少年的过程，那有喜有悲的过程。

衣橱里，是一堆小的不行，再也穿不下的衣裤，上面幼稚甚至有些可笑的花纹——皮卡丘、魔法少女……现在看来真是又蠢又笨，当时怎么会喜欢那种无聊的东西？脑袋里对幼时的鄙夷怎么也挥不去。

我心里常想：小时候怎么会那么傻？做出种种可笑的事，说出种种可笑的话，现在回想起来真是不可思议到了极点。

难道这就是成长？

相册里，陈列着儿时的顽皮：爬假山，刻桌子，抓金鱼……真是什么事都干得出来。小学上一年级，我带领着一群同学爬学校里的假山。被训过但屡教不改，结果有整整两个星期，一下课就被罚站在教室门口。翻着翻着，一页又一页，一张周岁的照片映入我的眼帘，头发是淡淡的棕色，一双小眼睛嵌在淡淡的眉毛下。小小的鼻子，小小的嘴，又肥又大的脸，配在一起真是要多丑有多丑，和现在的又高又瘦怎么能比？

难道这就是青春像小鸟般翩翩飞来了？

再回想从前，小时候的我，茫然的眼睛透露出懵懂无知，现在的我们身上透着一股子书香味。

小时候的我们，别人说什么都信。现在的我们成熟了一些，有思想了，知道了有些人说的话不可信，我们甚至也会去捉弄同学了。

159

成熟，究竟是好事还是坏事呢？

也许现在谈这个话题有些装老成，但成长是我们必须经历的。因为我发现，我的童年已渐行渐远。

童年已逝，我们感慨着，童真已快消失，取而代之的是猛增的智慧与心机。

童年已逝，但我会努力保有我的童真。

多一点儿纯真，多一点儿笑

再见，旧时光

程可昕

> 记忆是无花的蔷薇，永远不会败落。
>
> ——席慕容

阳光交成十字，懒懒洒在课桌上。而我坐在那里，不可遏制地陷入无边的幻想。老师的咳嗽惊得我猛地抬起头，刺眼的阳光令我无法适从，差点伤了眼睛。

老师说我们六年级了，即将小学毕业，要争取冲刺重点中学，请我们务必认真。我木然地望向四周，发现同学们目光涣散，都不知在想什么。

中午的时候，我被小宇拉去逛校园。走进操场，风伴着湿气自远方来，拥抱了我一下。再一次望向校园，不到半公顷，却绿树成荫，花红柳绿。这就是我度过了五年半的地方，忽然有一点儿不舍。

回头，我发现小宇的笑如同阳光般明媚，顿时有种想拉住不放的感觉。小宇玩着一朵落花对我说，小学毕业，她的妈妈可能要带她出国……我猛地愣住，这就要走？我原本以为会跟她是长长久久的闺蜜好友，没想到，分离竟然来得这么快。

放学的时候我路过音乐教室，发现空无一人。只有大钢琴站在那里，像一位穿着黑衣的绅士。还记得每次上音乐课，它一开一关，就有美妙的音乐蹦出来。可惜，我的破锣嗓子，从来唱不出好听的歌曲。

自从老师的话说过之后，我们班就彻底改变了。

没有人再浪费一节课的时间来发呆，也不再会吃完午饭跑去逛校园，没有再上过喜欢的音乐课，没有再看过一行无关学习的书。回眸过去，我早已学会成长，安静地微笑，站在离别面前，心中已无波澜。

只是，我从心底里期待如同旧时光那样的开怀。有时我看着窗外，校园依然是一片翠绿。而在我们离开之后呢？是啊，没有了我，它依然芳草如茵。

面对离别，我的心好痛；却不得不忍住，不流一滴泪。

只得打开电脑，敲击键盘，洋洋洒洒地写下记忆中的校园，以及魂牵梦萦的老师同学。终于知道，成长，就是学会面对别离。

161

建　议

陈笑语

我是一个心直口快的人，常常伤了别人的心可自己却不知道。

奶奶常与我提起一句话："提意见的往往是你的心情，提建议的才是你的头脑。"

我这时便会问她："意见和建议的差别在哪儿呢？"奶奶这时会

多一点儿纯真，多一点儿笑

微笑着摸着我的头，不作任何回答。

儿时的自己不会为这些问题而思考，对于事情错与对的认识没有明确的分界线。长大之后回头想想，一个道理总会有一件事情来证明。

周末到了，午后的阳光明媚柔软，到处暖融融的。小孩子们便在公园里奔跑着、玩耍着。

我与朋友们在公园里玩捉迷藏，他们躲，我来捉。游戏快结束了，还剩一个没有找到。小山后，池塘边，凉亭里，我都一一翻遍，就是不见其踪。于是我开始不满了，因为时间到了，我输了。我与其他朋友只好大喊一声："出来吧。"

一个瘦小的男孩从老柳树空空的树干里走出，全身灰扑扑的。咧嘴一笑露出一排白牙，一双眼睛亮晶晶的。他身后的老柳树仿佛不是老柳树了，而是一座坚不可摧的城堡。他看上去既狼狈又神气，一副胜利者的样子。

我心里很是不满，于是皱皱眉头，指着他的衣服说道："真脏，都是灰。"他愣了愣，努力地用手掸着衣服，可衣服越弄越脏。最后，他默默地垂下脑袋，黑黑的小手抓着衣角，一言不发地走了。我看着他瘦小的背影，心中泛着一种酸酸的感觉。游戏少了个人也没什么意思，大家各自回家了。

我到家后，把发生的事讲给奶奶听。奶奶微笑着对我说："这不就是意见？这是由你当时的心情决定的，这话多伤人？"我的愧疚感越来越大，我想明天得跟他道歉去。

一天、两天、三天……我都没有见到他。后来听别人说，他是寒假随父母来的，不久就回老家了。

再后来，我好像有些明白了这二者的差别。提的意见少了，提的建议多了。

有时候我会想，如果那天我对那个瘦小的男孩说的是："灰猫小子，回家换身衣服吧。"那该有多好。但凡事没有如果，我能做的便是尽自己最大的努力整理好心情来弥补儿时的错误。

提意见的往往是你的心情，提建议的才是你的头脑。

什么是建议？用头脑理智地表达心情。

甜

邵思齐

小时候，最钟情于各式各样的甜味。不管是甜得寡淡还是腻人，不管那甜味来自横跨海洋的国外还是街头小贩。

只要是甜味，都会给我带来满足和快乐。

上幼儿园的时候，一种棍糖开始流行，其廉价和小巧使同龄的孩子追捧。于是在孩子密集的地方，你会发现几乎每个孩子嘴里都塞了一个棍糖，在嘟嘟嚷嚷地说话。

再大一些时，糖人儿出现在了我的世界里。那做糖人儿的师傅不过是那么一勺，抖几抖，一个糖人儿便栩栩如生地出现在我的眼前。我时常痴迷地眯着眼看，让它的每一次抖动，每一条细丝都纳入眼底，才心满意足地吃起来，金黄的糖稀像银杏树黄色的叶子穿过的阳光。

最初漂洋过海来见我的，是来自日本的一种糖果。时间的流逝已经让我忘却了它的名字，但我仍记得上面古怪的文字和可口的味道，以及我分享给小伙伴时他们脸上的讶异。那盒糖是叔叔去日本出差时从山崎带回来的，在日本当地以绵软和甘甜的口感而著名。

在一次整理旧物时，我发现了书中夹着的一沓折叠得整整齐齐的糖纸，闪着七彩斑驳的光，上面甚至依旧保留着甜香。让我想起，似乎是从上幼儿园开始，我吃完糖后，总把糖纸叫妈妈冲洗干净收集起来，为的就是能时常回忆起那甜蜜快乐的时光。

记忆中的甜味，锁住了喉咙，也圈住了岁月。

再见这沓糖纸时，我眼前忽然就出现了一个场景：窗户玻璃上，贴着好几张彩色糖纸。一个傻乎乎的小女孩咧着嘴，迎着穿过玻璃的阳光笑着，那笑容啊，和那糖果一样的甜。

回头看看吧

成　晟

164

“不要沉迷于过去，向前看，过去的终归过去了……”这是现在常常听到的一句话，每一次听见，我总有跳起来反驳的欲望。

回头看看，不好吗？

我是一个喜欢回忆，喜欢过去，喜欢历史的人。如今社会高速发展，什么都在变，每一天都有新鲜事物出现。也许你昨天还拿着苹果5沾沾自喜，可能今天就捧着新鲜出炉的苹果8。然而永远不会改变的是过去，我们不用可笑地担心历史会不会改变了。

在历史的长河里，我们见证了三国的纷争，见证了无数才子伤到断肠时写下的诗句；我们经历过大唐盛世，经历过清朝的无能……看多了悲欢离合，看透了人世常情。历史教会了我们很多，过去留给我们很多。

也许历史离我们太遥远，这个词太沉重，包含了上下五千年。可其实上一秒就是过去，就是我们后一代口中的历史。

我爱旅行，喜欢走遍各地，我却不喜欢一直一直向前走。

坐在车上时，我会回头远望曾经为之惊叹的风景，因为换一个角度，也许更美。向前走，固然是好的，前方的风景是未曾欣赏过的；然而不要忘记了，背后的风景也是未曾见过的——如果你从不回头。

所以，为何不回头看一看，或许会见到一个不一样的风景。

出门上学的孩子，回头看看吧，也许你的妈妈就站在你的身后，目送你远去。

站在起跑线的人，回头看看吧，也许在无数喝倒彩的人中有一个人还在固执地为你加油。

迷茫的我们，回头看看吧，也许有一位一袭白衣的老人举着一盏烛灯，为你照亮前方的昏暗，他的名字叫"历史"。

我亲爱的人儿啊，回头看看吧。

时　间

陈文倩

有一位老人叫时间，白发苍苍，胡须长长。

他望着远方，从不肯告诉别人他睿智的头脑里到底装了些什么，

多一点儿纯真，多一点儿笑

也没有人知道这头脑究竟运转了多久。他只是望着，用他智慧的眼睛望着脚下的人们来来去去。没有人知道他的秘密。

有一位少女叫时间，是年纪变老了而容颜却总是如此年轻。

她行色匆匆，总保持着青春的逆反——你越是希望她稍作停留，她越是疾驰而去；你越是希望她快些离开，她便越是赖着不走。她深邃的双眼令人着迷，没有人知道她青春的原因。

有一只大雁叫时间，人们总想捕捉它飞过的痕迹，却总不能如愿以偿。

它的行踪如烟雾，飞过了就散了，像一阵风摸不着，看不见……没有人知道它飞行的路线。

有一本书叫时间。

它是一本无字天书，好像记着什么，却又什么也没记。一个人一生只有一次机会能幸运地读到它，记下了便是记下了。而很多内容则随着书页地翻动，慢慢地，慢慢地消失了，根本不给你回头的余地。

读到结局时，人们总想再回到开头。可时间之书从不给他们这个机会。它只是嘲笑着，嘲笑着那些草草读完才发现遗漏了许多情节的人。当他们想要在书中重寻某些情节时，时光之书只留给他们两个字：遗憾。

啊，时间是个圆呀！没有人知道如何回到开头，因为不知道在何处起航；更不知道，究竟何处才是终点……